Parliamo italiano!

Workbook/Laboratory Manual

Parliamo italiano!
A COMMUNICATIVE APPROACH

Workbook/Laboratory Manual

Workbook
Brian Rea O'Connor
Boston College

Laboratory Manual
Suzanne Branciforte
College of the Holy Cross

HOUGHTON MIFFLIN COMPANY   BOSTON   NEW YORK

Director, Modern Language Programs: E. Kristina Baer
Senior Development Editor: Sharon Alexander
Senior Manufacturing Coordinator: Priscilla J. Bailey
Marketing Manager: Elaine Uzan Leary

ILLUSTRATIONS

Anna Veltfort: pages 5, 9, 10, 13, 22, 34, 45, 46, 55, 69, 73, 75, 76, 82, 96, 107, 109, 119, 164, 186

Maryam Fakouri: pages 78, 79, 117, 140, 166, 192, 202

Some clip art from Image Club and Macromedia Freehand was used in the production of this ancillary.

Printed in the U.S.A.

ISBN: 0-395-75768-1

23456789-PO-01 00 99 98

Contents

To the Student

This combined *Workbook/Laboratory Manual* is an integral part of the **Parliamo italiano!** program. It is designed to reinforce the new material in each textbook unit and to provide practice in the skills you will need to communicate effectively in Italian. This component is divided into two parts, the workbook and the laboratory manual; each part is coordinated unit by unit with your textbook. The answer key for the workbook is located at the end of the manual.

The Workbook

The workbook activities will help to develop your reading and writing skills by providing practice in using key grammar structures and vocabulary from the textbook. The activities range from structured to open-ended exercises and from simple to complex tasks—for example, multiple-choice, fill-in-the-blank, sentence-completion, illustration- and realia-based activities, and word puzzles. Each unit of the workbook consists of the following sections:

*   *Vocabolario e grammatica:* This section contains exercises on individual vocabulary and grammar topics. Since the exercises are keyed to specific points, they can be completed after studying the corresponding textbook section.

*   *Pratica comunicativa:* This section integrates the vocabulary and grammar presented in the unit in creative contexts. Many of the activities allow you to express yourself in meaningful or more open-ended situations. You should complete this section when you reach the end of a unit in your textbook.

Here are some tips to follow when using the workbook:

*   Before doing the exercises in the *Vocabolario e grammatica* sections, study the corresponding sections in the textbook.

*   Do the activities with your textbook closed.

*   Use what you have learned. Be creative, but try not to overstep your linguistic boundaries and try to use a dictionary sparingly.

*   Check your answers against the answer key, marking all incorrect answers in a different color of ink.

*   When you have wrong answers, review the grammar explanations and vocabulary sections in your textbook. Also make notes to yourself to use as study guides for tests and quizzes.

The Laboratory Manual and Cassette Program

The activities in the laboratory manual are coordinated with the *Cassette Program* for **Parliamo italiano!,** which provides approximately 30–40 minutes of taped exercises recorded by native speakers for each unit. These components focus on improving your pronunciation and building your listening-comprehension skills. They consist of the following sections:

- *Incontri:* Each unit begins with the conversations from your textbook, recorded once at natural speed and once with pauses so that you can listen to them and practice your pronunciation and intonation.

- *Per la pronuncia:* This section appears in *Unità preliminare* through *Unità 9*. It contains explanations of the sounds and intonation of Italian, followed by practice exercises so that you can improve your pronunciation.

- *Attività per la comprensione:* This section features a wide variety of situations and activities to develop your listening skills. As you listen to the recordings, you will be given a task to perform (for example, taking notes on a weather forecast or recording information about an apartment for rent).

Here are a few tips to follow when using the laboratory manual and audiocassettes:

- Listen to the *Incontri* more than once.

- When asked to repeat words or sentences, try to imitate as closely as you can the speaker's pronunciation, intonation, and inflection. Then rewind the tape and talk simultaneously with the speaker, trying to match the speaker's speech patterns.

- Read the directions for each activity before listening to it on tape. You'll be better prepared to complete the activity successfully!

- When completing the *Attività per la comprensione*, it is important to listen for specific information and a general sense of what is being said, but it is not necessary to understand every single word. Your goal is to complete the task required by the activity.

- Replay the recordings as many times as you need to in order to complete an activity.

Through conscientious use of the *Workbook/Laboratory Manual* and *Cassette Program,* you should make progress in your study of the Italian language. Should you need additional practice, use the *Parliamo italiano! NOW! CD-ROM*. This program is an excellent review tool for quizzes and exams.

Workbook

UNITÀ

UNITÀ PRELIMINARE

A. Circle the letter of the most logical response. (**Le presentazioni**)

1. Buongiorno, signora Danesi!

    a. Buonanotte, Giovanni!

    b. Buonasera, Raffaela!

    c. Buongiorno, signor Carta!

2. Salve, Enzo!

    a. Ciao, Gabriella!

    b. Buonanotte, signorina!

    c. Piacere!

3. Ciao! Come ti chiami?

    a. Molto lieto.

    b. Mi chiamo Gianni, e tu?

    c. Come si chiama Lei?

4. Mi chiamo Donatella Catalano, e Lei?

    a. Piacere, mi chiamo Salvatore Renzi.

    b. Molto lieto. Come ti chiami?

    c. Scusi, professore.

5. Di dove sei?

    a. Buonasera!

    b. Molto piacere!

    c. Sono di Bari, e tu?

B. It's your first day at a new job. Two people introduce themselves to you, first a coworker about your age and then your boss. Write your responses in the blanks. (**Le presentazioni**)

1. —Ciao!

   —_____

   —Mi chiamo Marco, e tu?

   —_____

   —Piacere!

   —_____

   —Di dove sei?

   —_____

   —Io sono di Roma.

2. —Buongiorno.

   —_____

   —Mi chiamo Adela Perillo, e Lei?

   —_____

   —Molto lieta.

   —_____

   —Di dov'è Lei?

   —_____

   —Sono di Venezia.

C. Write the phrase you would use in the following situations. (**I saluti**)

1. You ask your teacher how he/she is feeling.

   _____

2. You ask a friend how he/she is feeling.

   _____

3. Someone has asked you how you are and you reply that you are very well.

   _____

4. You're not feeling too well.

   _____

5. You say good-bye to a close friend.

   _____

6. You say good-bye to your friend's grandfather.

   _____

7. You tell two friends that you will see them soon.

   _____

Nome _____ Corso _____ Data _____

D. Write a short dialogue for each situation. (**I saluti**)

1. Anna and Stefano are two friends who run into each other at the university bookstore. They greet each other, ask about each other's health, and say good-bye.

_____

_____

_____

_____

_____

_____

2. Filomena Manin and Giorgio Arbore are neighbors who do not know each other well. They meet at the local market, greet each other, ask about each other's health, and say good-bye.

_____

_____

_____

_____

_____

_____

E. Write down an Italian word you know that begins with the letters shown. If you can't think of a word, use the glossary of your textbook. (**L'alfabeto**)

1. a _____
2. bi _____
3. ci _____
4. di _____
5. e _____
6. effe _____
7. gi _____

8. acca _____
9. i _____
10. elle _____
11. emme _____
12. enne _____
13. o _____
14. pi _____

15. cu _____
16. erre _____
17. esse _____
18. ti _____
19. u _____
20. vu _____
21. zeta _____

F. Write out the following numbers in Italian. (**I numeri**)

Esempio   the number of days in a week: **sette**

1. the number of chapters in this book: _____

2. the number of students in your Italian class: _____

3. the number of times per week your class meets: _____

4. the number of courses you are taking this semester: _____

5. the number of hours per week you study: _____

6. your age: _____

7. your mother's or father's age: _____

8. your telephone number: _____

G. Complete the math problems, and write out the answers in the spaces provided. If the answers are correct, the letters in the box will spell the name of a volcano in Italy. (**I numeri**)

cinquanta – ventotto = ☐ _ _ _ _ _ _

undici + ventidue = _ _ ☐ _ _ _ _ _

sette + cinquantanove = _ _ _ _ _ _ _ ☐ _

settanta – venti = _ _ _ _ ☐ _ _ _

cento – sessantuno = _ _ _ _ _ _ _ ☐ _

trentacinque + cinquanta = _ _ _ _ _ _ ☐ _ _

sette + undici = _ _ _ _ ☐ _ _

H. Formale o informale? Circle **formale** or **informale** to indicate whether the following lines reflect formal or informal speech. Then underline the words or expressions that indicate formality or informality.

1. formale / informale   Non c'è male, e tu?

2. formale / informale   Ciao, Lorenzo! Come va?

3. formale / informale   Di dov'è Lei?

4. formale / informale   Ciao, Alessandra! A presto!

5. formale / informale   Come si chiama Lei, signora?

6. formale / informale   Di dove sei?

7. formale / informale   ArrivederLa, ingegnere.

8. formale / informale   Buongiorno. Come sta?

I. Due conversazioni. The following sentences are from two different conversations: one formal and one informal. Re-create the conversations in the blanks below.

Molto lieta. Di dov'è Lei?

Ciao, Paolo! Come stai?

Così, così. A presto, Paolo.

Io sono Augusto Forino. Piacere, signora.

Sono di Torino.

Non c'è male, e tu?

Ciao! Ci vediamo.

Mi chiamo Antonella Visoni. E Lei?

1. _____

_____

_____

_____

2. _____
_____
_____
_____

J. In classe.   Look at the drawings and write in the dialogue balloons what you think the people might be saying to each other.

K. Cercare la parola. First write the Italian equivalent of the English words listed. Then look for those words in the puzzle and circle them. The words may be placed horizontally, vertically, and diagonally, backwards or forwards. The remaining uncircled letters will spell a word you know.

seventy	_____		S	E	T	T	A	N	T	A
thank you	_____		A	A	R	S	O	A	I	C
terrific	_____		B	R	L	V	C	R	I	C
H	_____		E	V	E	V	E	I	E	A
X	_____		N	D	I	E	E	U	R	Z
nine	_____		O	E	R	O	T	T	O	D
you (informal)	_____		N	C	G	R	A	Z	I	E
It's a pleasure!	*piacere*		E	R	E	C	A	I	P	I
you (formal)	_____									
3	_____									
hello	_____									
zero	_____									
Hi! / Bye!	_____									
doctor	_____									

_ _ _ _ _ _ _ _ _ _ !

VOCABOLARIO E GRAMMATICA

A. Write the geographical term you associate with the following locations. (**Si dice così A**)

1. Bologna, Firenze, Napoli: _____

2. Vesuvio, Etna, Mount Saint Helens: _____

3. Sicilia, Sardegna, Capri: _____

4. Le Alpi, gli Appennini, le montagne Rocciose: _____

5. Huron, Garda, Superior: _____

6. Italia, Florida, Baja California: _____

7. Adriatico, Mediterraneo, Baltico: _____

8. Il Po, l'Arno, il Mississippi: _____

B. Indicate the gender of each noun by underlining **femminile** or **maschile.** Then rewrite the word and its indefinite article. (**Il sostantivo singolare**)

Esempio montagna <u>femminile</u> / maschile **una montagna**

1. signora femminile / maschile _____

2. professore femminile / maschile _____

3. paese femminile / maschile _____

4. collina femminile / maschile _____

5. stivale femminile / maschile _____

6. spiaggia femminile / maschile _____

7. lago femminile / maschile _____

8. lezione femminile / maschile _____

9. amico femminile / maschile _____

10. zoo   femminile / maschile   _____

11. problema   femminile / maschile   _____

12. isola   femminile / maschile   _____

C. Complete the following paragraph with the appropriate indefinite articles. (**L'articolo indeterminativo**)

Roma è _____ città fantastica! Nel centro della città c'è _____ collina che si chiama il

Campidoglio, dove c'è _____ museo molto importante. C'è _____ fiume che passa per Roma:

il Tevere. E in mezzo al Tevere c'è _____ isola: l'isola Tiberina. C'è anche _____ stadio antico

che si chiama il Colosseo. Andiamo al Pincio dove c'è _____ bel panorama di Roma. Vicino al

Pincio c'è _____ bar dove mangiamo _____ pizza!

D. Write where you might do the following activities. (**Si dice così B**)

Esempio   go swimming and sunbathe: **su una spiaggia**

1. see a collection of antique art: in _____

2. drive a car: in _____

3. climb up to get a bird's-eye view of the city: in _____

4. find information about a tourist site: in _____

5. attend a religious function: in _____

6. cool your feet on a hot day: in _____

E. Rewrite each sentence with the correct form of the verb **essere**. (**Il verbo** *essere*)

1. Cristi (essere) una studentessa americana. _____

2. Cristi e Lorenzo (essere) in giro per la città. _____

3. Di dove (essere) tu? _____

4. Io (essere) di Pisa. _____

5. Voi (essere) amici di Antonella? _____

6. No, noi (essere) amici di Lorenzo. _____

7. A Roma ci (essere) molti monumenti. _____

8. E a Roma c' (essere) una fontana famosa. _____

Nome _____ Corso _____ Data _____

F. Write the appropriate form of the definite article for each noun. (**L'articolo determinativo**)

1. _*il*_ mare, _____ lago, _____ fiume e _____ oceano

2. _____ professoressa, _____ dottore, _____ avvocato e _____ studente

3. _____ monumento, _____ piazza, _____ statua e _____ ponte

4. _____ paese, _____ città, _____ regione e _____ stato

5. _____ università, _____ dormitorio, _____ pizzeria e _____ bar

G. Make a list of at least six things you see in the drawing. Remember to use the appropriate form of the definite article. (**L'articolo determinativo**)

Vedo (*I see*) la _____

Vedo _____

_____

_____

_____

H. Read the following lists and write the month or season you associate with each one. (**Si dice così C**)

1. ventotto giorni, San Valentino: _____

2. la spiaggia, le vacanze, Che caldo!: _____

3. inizia la scuola, trenta giorni, dopo agosto: _____

4. marzo, aprile, maggio, Botticelli: _____

5. Ho freddo!, sciare: _____

6. Natale (*Christmas*), la fine dell'anno: _____

7. precede agosto, trentun giorni, l'indipendenza americana: _____

8. settembre, ottobre, novembre: _____

I. Write questions and answers using the following cues. (**Il verbo** *avere*)

Esempio   voi / un'automobile
—**Voi avete un'automobile?**
—**Sì, abbiamo un'automobile. / No, non abbiamo un'automobile.**

1. Giulio e Diego / un computer

—_____

—_____

2. noi / una lezione oggi

—_____

—_____

3. il professore / un appartamento in centro

—_____

—_____

4. Lei / un momento

—_____

—_____

5. voi / una motocicletta

—_____

—_____

J. Describe how the people in the drawings are feeling. Invent names for each person shown.
(**Il verbo** *avere*)

1.

3.

2.

4.

1. Massimo ha _____ ma Giulia _____.

2. _____ ma _____.

3. _____ ma _____.

4. _____ ma _____.

K. Complete the following paragraph with simple prepositions. (**Le preposizioni semplici**)

Salve! Mi chiamo Giorgio e sono uno studente italiano. Abito _____ la mia

famiglia _____ San Gimignano, una piccola città _____ Toscana. Un

giorno vorrei (*I would like*) abitare _____ Roma. La mia mamma è romana: è

_____ Tivoli, un piccolo paese non molto _____ _____

Roma: a solo venti chilometri. _____ inverno e _____ primavera studio

_____ Firenze, ma durante l'estate lavoro _____ mio padre, che ha un

ristorante.

L. Choose six days from the calendar and write out the dates and the saints for those days. (**Si dice così D**)

Esempio   Lunedì il due maggio è s. Atanasio.

Maggio				Giugno		
1	D	s. Susanna		1	M	s. Giustino
2	L	s. Atanasio		2	G	s. Erasmo
3	M	s. Fabio		3	V	s. Clotilde
4	M	s. Gottardo		4	S	s. Quirino
5	G	s. Pellegrino		5	D	s. Vito
6	V	s. Giuditta		6	L	s. Norberto
7	S	s. Stanislao		7	M	s. Roberto

1. _____

2. _____

3. _____

4. _____

5. _____

6. _____

M. Write logical sentences using elements from each column. Be sure to use the correct form of the verb. (**I verbi della prima coniugazione**)

    Esempio   **Gli studenti abitano in un appartamento.**

Noi	visitare	in un appartamento
La signorina Mela	studiare	sulle Alpi d'inverno
Tu e Alfredo	cercare	il francese e l'italiano
Lorenzo	abitare	la biologia
Io	lavorare	il museo Vaticano
Antonella e Cristi	incontrare	una guida turistica di Roma
Tu	parlare	l'amico al bar
Gli studenti	sciare	in biblioteca
		il lunedì e il giovedì

1. _____

2. _____

3. _____

4. _____

5. _____

6. _____

7. _____

8. _____

N. Write sentences telling on what days you do the following activities. (**I verbi della prima coniugazione**)

    Esempio   giocare a tennis
                 Gioco a tennis il martedì e il sabato.

1. avere la lezione d'italiano

_____

2. studiare in biblioteca

_____

3. lavorare

_____

4. mangiare alla mensa (*cafeteria*) dell'università

_____

5. parlare con la mamma

_____

6. comprare una pizza

    _____

7. guardare il programma televisivo preferito (*favorite TV show*)

    _____

PRATICA COMUNICATIVA

A. Che cos'è?   Consult the map of Italy and identify what the following geographic locations are.

Esempio   Capri
            Capri è un'isola.

1. gli Appennini _____

2. la Toscana _____

3. Etna _____

4. Venezia _____

5. il Tevere _____

6. la Sicilia _____

7. l'Adriatico _____

8. il Piemonte _____

B. Un viaggio fantasia.   You and a friend are taking a two-week trip to Italy. Write your itinerary, referring to the map in exercise A. You may use expressions such as

Lunedì arriviamo a...

Prima (*First*) andiamo...

Poi (*Then*) visitiamo ... per tre giorni

Compriamo / mangiamo...

_____

_____

_____

_____

_____

C. Come rispondere?   Circle the letter of the appropriate response.

1. Hai fretta?

    a. Sì, sono in ritardo per la lezione.

    b. Sì, ho torto.

    c. Sì, sono di Civitavecchia.

2. Tina, ti presento Paolo, un mio amico.

    a. Piacere!

    b. Scusi!

    c. Arrivederci!

3. Hai voglia di mangiare qualcosa?

    a. No, grazie. Non ho problemi.

    b. No, grazie, non ho fame.

    c. No, grazie. Federico non c'è.

4. Quando è il compleanno di Lorenzo?

    a. Il primo maggio.

    b. Per la prima volta.

    c. Trenta giorni.

5. Hai bisogno di una pausa?

    a. Sì, sono in forma.

    b. Sì, sono stanca.

    c. Sì, ho paura.

6. È vero che una settimana a Roma non basta?

    a. È vero. Ci sono quattordici giorni.

    b. È vero. C'è una collina.

    c. È vero. Ci sono tanti monumenti.

D.　A Roma per la prima volta.　You are visiting Rome for the first time, and meet another student, Roberto, while exploring the Roman Forum. Complete the conversation by writing appropriate responses to your new friend's questions or comments.

ROBERTO　　　　Io mi chiamo Roberto, e tu?

TU　　　　　　_____

ROBERTO　　　　Piacere! Sei a Roma per la prima volta?

TU　　　　　　_____

ROBERTO　　　　E che cosa visiti oggi? E domani?

TU　　　　　　_____

ROBERTO　　　　Un programma molto interessante! Che caldo!

TU　　　　　　Anch'io _____. E ho _____!

ROBERTO　　　　Senti, c'è un bar qui vicino. Hai voglia di una Cocacola?

TU　　　　　　_____

ROBERTO　　　　Buona idea! Anch'io ho fame. Allora, andiamo?

TU　　　　　　_____

E.　Il gioco dell'identità.　You are a contestant on a game show and are introducing yourself to the audience. Provide your name and age, where you are from, where you live now, and what you are studying. Also include whether or not you work and one or two interesting details about yourself.

_____

_____

_____

_____

_____

_____

F. Quante domande! You have received the following letter from your young Italian cousin, Maria Luisa, and it's full of questions! Write back to her, answering as many of her questions as you can.

> Ciao, cugino/a!
> Come stai? È vero che sei uno studente/una studentessa? Che cosa studi? Dove studi? Studi l'italiano? È difficile? Hai molti amici? Lavori? È vero che voi americani mangiate la pizza e anche la pasta?
>
> a presto,
> Maria Luisa

_____
_____
_____
_____
_____
_____
_____

G. Provare la vostra intelligenza!   Read the following clues and complete the chart. You may need to find some answers through a process of elimination.

Nome	Cognome	Età	Città	Professione
Riccardo		25		dentista
Alessandro				
	Muti			
		64		
			Palermo	

1. **La persona che ha sessantaquattro anni è di Firenze.**
2. **La signora Muti è professoressa.**
3. **Anna abita a Palermo.**
4. **Giacomina Muti ha trentacinque anni.**
5. **Lorenzo è avvocato.**
6. **L'ingegnere Sabbatucci è di Bari.**
7. **Il signor Martini è di Torino.**
8. **La persona che ha diciannove anni è studentessa.**
9. **La persona di Firenze si chiama Rossi.**
10. **Una persona è di Roma. Una persona ha ventitré anni. Una persona ha il cognome Di Grazia.**

VOCABOLARIO E GRAMMATICA

A. Complete the following sentences with the appropriate nouns and definite articles. **(Si dice così A)**

     Esempio   **La lezione** comincia alle dieci.

1. Scrivo i compiti con _____ o con _____.

2. Scriviamo alla lavagna con _____.

3. Vediamo che ore sono con _____.

4. La persona che insegna un corso è _____.

5. Durante la lezione lo studente ascolta e prende _____.

6. Quando la studentessa esce dall'aula, apre _____.

7. Uno studente mette i libri dentro _____, ma la professoressa mette i

   libri dentro _____.

8. _____ è dove si siedono gli studenti, ma _____ è dove si siede il

   professore.

B. Create questions and answers using the following cues and the correct form of the verb. **(I verbi della seconda e della terza coniugazione)**

     Esempio   Signora / vivere a Napoli
                —Signora, Lei vive a Napoli?
                —Sì, vivo a Napoli. / No, non vivo a Napoli.

1. Alberto (tu) / vedere la lavagna

   —_____?

   —_____

2. Valeria / seguire un corso di storia medievale

   —_____?

   —_____

3. Dottor Anciello / preferire il tè o il caffè

—_____?

—_____

4. Paola e Fabiano / partire per le vacanze

—_____?

—_____

5. Professoressa / capire il problema

—_____?

—_____

C. First read each paragraph, then choose the verb or verbs that best complete each sentence. Write the appropriate verb forms in the spaces provided. (**I verbi della seconda e della terza coniugazione**)

1. scrivere / rispondere / chiedere / leggere / preferire

   In classe gli studenti _____ il libro di testo e poi _____ alla lavagna.

   Quando il professore _____ "Chi _____ scrivere la risposta alla

   lavagna?", tutti gli studenti _____ "io, io!"

2. rispondere / leggere / ricevere / finire / spedire / aprire

   Quando Anna _____ una lettera da un'amica italiana, è contenta.

   _____ la lettera e _____. Quando lei _____ di leggere

   la lettera, subito _____ alla lettera. Poi lei _____ la risposta alla sua

   amica in Italia.

3. leggere / dormire / vivere / pulire / mettere / sentire

   Io ed il mio amico Marco _____ in un appartamento. Ogni sabato io

   _____ la mia stanza: _____ i vestiti nell'armadio e i libri sullo

   scaffale. Quando io e Marco _____ i libri, _____ la musica perché

   abbiamo un bello stereo. Quando io ho sonno, io _____.

D. Create logical sentences using elements from each column. Be sure to use the correct form of the verb. (**I verbi della seconda e della terza coniugazione**)

Noi	rimanere	la musica
La studentessa	discutere	rapidamente
Tu	costruire	la madre di Massimo
Il bambino	crescere	a casa per due giorni
La lezione	conoscere	a mezzogiorno
Voi	finire	l'autobus per andare a scuola
Marco e Gina	prendere	di sport con gli amici
	sentire	una casa vicino al mare

1. _____

2. _____

3. _____

4. _____

5. _____

6. _____

7. _____

E. Write what time it is using the cues given in parentheses. (**L'ora**)

> **Esempio**   Che ore sono?   (5,45)
> **Sono le sei meno un quarto / le sei meno quindici / le cinque e quarantacinque.**

1. Che ore sono? (8,15) _____

2. Che ore sono? (1,30) _____

3. Che ore sono? (20,38) _____

4. Che ora è? (12,00) _____

5. Che ora è? (6,55) _____

6. Che ore sono? (3,49) _____

F. Write six sentences describing some of the things you see in Claudia's room and what she uses them for. (**Si dice così B**)

Esempio   C'è un letto. Claudia usa il letto per dormire.

1. _____
2. _____
3. _____
4. _____
5. _____
6. _____

G. Change the following words from singular to plural. Don't forget the articles! (**I sostantivi plurali**)

Esempio   la matita e la penna
            le matite e le penne

1. la scuola, il liceo e l'università _____

2. il giorno, il mese e l'anno _____

3. la finestra, la porta e l'orologio _____

4. il televisore, il videoregistratore e il computer _____

_____

5. la mensa, la palestra e la biblioteca _____

6. il teatro, il parco e lo stadio _____

7. il corso, la classe e la lezione _____

8. il ristorante, il bar e il cinema _____

9. l'isola, il lago e la montagna _____

10. lo zaino, il quaderno e il libro _____

H. Rewrite the following sentences in the plural. Remember to change *all* the articles and nouns, and the verb. **(Gli articoli determinativi plurali)**

Esempio   La studentessa guarda il film.
                Le studentesse guardano i film.

1. L'amica capisce il problema. _____

2. L'avvocato parla con la signora. _____

3. Il signore cerca il dischetto. _____

4. Lo studente scrive la tesi. _____

5. L'amico pulisce la stanza. _____

6. Il professore insegna la lezione. _____

I. Complete the following sentences with the appropriate words or expressions. **(Si dice così C)**

1. Sara desidera diventare dottore o medico; studia _____ e

    _____.

2. Elisabetta desidera diventare avvocato; studia _____ o

    _____.

3. Stefano conosce il latino e il greco; studia _____.

4. Fabio desidera costruire grandi palazzi; studia _____.

5. Patrizia ama lavorare con i numeri; studia _____.

6. Pietro desidera diventare un uomo politico, forse un senatore o il presidente! Pietro

    studia _____.

J. Complete each sentence with the opposite of the adjective in italics. Remember to use the correct form. **(Gli aggettivi)**

1. La lezione 1 è *facile* ma le lezioni 2 e 3 sono _____.

2. Il registratore è *vecchio* ma le cuffiette sono _____.

3. Rita è *alta* ma Aldo e Bruno sono _____.

4. Gli amici sono *simpatici* ma Federico è _____.

5. Sandra e Barbara sono *ricche* ma Giuseppina è _____.

6. I ragazzi sono *allegri* ma la signora è _____.

7. Il film è *divertente* ma i programmi televisivi sono _____.

8. Il gelato è *buono* ma i broccoli sono _____.

K. Rewrite each sentence placing the appropriate form of the adjective in the correct position. **(Gli aggettivi)**

Esempio   Alle undici ho una lezione di arte.   (precolombiano)
Alle undici ho una lezione di arte precolombiana.

1. Seguo un corso all'università.   (interessante)

_____

2. C'è un professore che si chiama Enzo Pollini.   (bravo)

_____

3. Ci sono molti studenti nella classe.   (simpatico)

_____

4. Ci sono due ragazze che si chiamano Eva e Heidi.   (tedesco)

_____

5. Dopo la lezione c'è un gruppo di discussione.   (piccolo)

_____

6. La lezione è in un'aula.   (grande)

_____

L. Complete the following sentences with the appropriate possessive adjectives. **(Gli aggettivi possessivi)**

Esempio   Alla nostra università ci sono **i nostri** professori e **le nostre** lezioni.

1. Nella mia cartella metto *la mia penna,* _____ calcolatrice, _____ agenda, _____ matite e _____ fogli.

2. Nello zaino di Carlo trovo *i suoi occhiali,* _____ orologio, _____ racchetta da tennis, _____ penne e _____ libri.

3. Nella vostra stanza ci sono *i vostri dizionari,* _____ ombrello, _____ macchina da scrivere, _____ computer e _____ fotografie.

4. Nella camera di Alberto e di Salvatore ci sono *i loro libri,* _____ televisore, _____ bicicletta e _____ amici!

M. Circle the word that best completes each of the following sentences. **(Si dice così D)**

1. Un allievo che preferisce non lavorare è

   a. studioso   b. interessato   c. pigro

2. Un breve viaggio si chiama una

   a. gita   b. materna   c. insegnante

3. Non andare alla lezione si chiama _____ la lezione.

   a. saltare   b. ripetere   c. imparare

4. Il maestro scrive i voti sulla

   a. media   b. gita   c. pagella

5. Un'altra parola per *maestro* o *maestra* è

   a. giudizio   b. insegnante   c. alunno

6. Una scuola per i bambini piccoli è un

   a. intervallo   b. liceo   c. asilo

N. Complete the following sentences with the appropriate form of the verb in parentheses. **(I verbi irregolari)**

1. Quando finisce la lezione, io (andare) _____ a casa.

2. Gli alunni (venire) _____ dalla lezione d'inglese.

3. Come (stare) _____ voi? Bene?

4. Marco (dare) _____ un esame oggi.

5. Noi (uscire) _____ sabato sera; (andare) _____ al cinema.

6. Dove (andare) _____ tu? Non (venire) _____ con noi?

7. Piero (uscire) _____ dall'aula.

8. Dopo l'intervallo, gli allievi (andare) _____ a lezione.

O. A classmate wants to know about your preferences. For each item listed, write your classmate's question and your response using the verb **piacere**. (Il verbo *piacere*)

Esempio la letteratura
—**Ti piace la letteratura?**
—**Sì, mi piace. / No, non mi piace.**

1. gli spaghetti

   —_____

   —_____

2. l'arte

   —_____

   —_____

3. la mia bicicletta

   —_____

   —_____

4. le lezioni alle otto

   —_____

   —_____

5. i film lunghi

   —_____

   —_____

6. l'italiano

   —_____

   —_____

P. Create sentences stating that the following people like the people, things, or activities listed. Use indirect-object pronouns as in the example. (Il verbo *piacere*)

Esempio a voi / musica
Vi piace la musica.

1. a loro / l'intervallo _____

2. a lui / i buoni alunni _____

3. a Carla / la scuola materna _____

4. a voi / le automobili giapponesi _____

5. a Lei / la Sua camera _____

6. agli amici / viaggiare _____

7. a me / il sabato _____

8. a noi / imparare una lingua straniera _____

PRATICA COMUNICATIVA

A.   Come rispondere?   Circle the letter of the appropriate response to the following statements or questions.

1.   Accidenti! Non sono preparato; non ho una penna!

    a.   Ecco, prendi la mia.

    b.   Aiuto!

    c.   Magari!

2.   Ho fretta! Sono in ritardo per la lezione di disegno!

    a.   Quando ti laurei?

    b.   Andiamo con la mia moto!

    c.   D'accordo.

3.   Perché non mangiamo un panino insieme?

    a.   Mi dispiace, non ho fame.

    b.   Mi dispiace, non ho caldo.

    c.   Mi dispiace, seguo già quattro corsi.

4.   I tuoi studenti sono bravi?

    a.   No, sono attenti e studiosi.

    b.   Sì, sono sempre annoiati.

    c.   No, saltano sempre le lezioni.

5.   Giovanna, non vengo alla festa con voi; ho bisogno di studiare.

    a.   Che peccato!

    b.   D'accordo, tra quindici minuti.

    c.   Magari!

6.   Roberto! Cosa fai qui alla Facoltà di Lettere? Non studi economia?

    a.   Benone!

    b.   Ho cambiato facoltà.

    c.   Ho lezione alle dieci.

B.   Intervista con un professore.   You are a new teacher at an Italian **liceo,** and a student is interviewing you for the school newspaper. Answer the student's questions.

1.   —Come si chiama Lei?

    —_____

2.   —Di dov'è?

    —_____

3. —Quali corsi insegna qui?

—_____

4. —Quale corso Le piace di più?

—_____

5. —Le piacciono gli studenti del nostro liceo?

—_____

6. —Che cosa fa nel tempo libero?

—_____

C. Due compagni di scuola.   Write short descriptions of two people in your class. Include each person's name, approximate age, and any other information you know about him/her. Use at least four adjectives in each description.

1. _____

_____

_____

_____

2. _____

_____

_____

_____

D. Giornate tipiche.   Describe your schedule for a typical Monday and Thursday. List at least five activities you do on each day and at what time you do them.

1. Il lunedì io _____

_____

_____

_____

2. Il giovedì io _____

_____

_____

_____

E.   Tutto quello che ho.   Write complete sentences indicating whether or not you have the following. If you do, write a brief description.

> Esempio   automobile
> **Ho un'automobile. La mia automobile è vecchia. È un'automobile giapponese. / Non ho un'automobile.**

1. computer _____

_____

2. bicicletta _____

_____

3. compagno/compagna di camera _____

_____

4. televisore _____

_____

5. ragazzo/a *(boyfriend/girlfriend)* _____

_____

F.   Studiare in Italia.   You have decided to spend part of the summer studying in Italy and must choose between the following two schools. Read the ads and write a paragraph telling which school you would prefer to go to and why, where the school is located, which courses you will take, when the courses begin and end, and where you will live.

Istituto Commerciale Berlusconi

Via XXII Novembre 286 Milano

Corsi intensivi per l'estate

*lingua inglese	*marketing
*informatica I. e II.	*economia
*statistica	*design

I corsi cominciano il 5 giugno e finiscono il 15 luglio.

Dormitori disponibili per studenti stranieri.

Istituto Culturale "Italia Bella"

Via Faenza 62, Firenze

Corsi di lingua e cultura italiana per stranieri

- **Italiano elementare, intermedio e avanzato**
- **Conversazione in italiano**
- **Storia dell'arte italiana (in inglese)**
- **Conoscere il vino italiano! (in italiano)**
- **3000 anni di architettura italiana (in italiano)**

I corsi cominciano il 10/5 e proseguono fino al 2/8.

Gli studenti vivono in appartamenti con altri studenti dell'Istituto.

Costo del programma: 6.000.000 lire.

_____

_____

_____

_____

_____

_____

G. Il gioco dell'eliminazione. The chart below contains an Italian expression and an appropriate response to that expression. To discover what these expressions are, cross out the following words in the chart:

- two things a teacher does
- two types of school in Italy
- three things you might find in a classroom
- two things you use to listen to music
- three types of **liceo** in Italy
- three common adjectives that often precede a noun

liceo	bello	in	interrogare
bocca	cattedra	classico	lavagna
insegnare	grande	artistico	al
cuffiette	lupo!	povero	asilo
scientifico	stereo	banco	crepi!

Espressioni: _____

_____

UNITÀ 3

VOCABOLARIO E GRAMMATICA

A. Complete the following sentences with the appropriate family member. **(Si dice così A)**

Esempio   Il figlio di mio zio è **mio cugino.**

1. Le figlie di mio zio sono _____.

2. Il fratello di mio padre è _____.

3. La mamma di mio zio è _____.

4. Le sorelle di mia madre sono _____.

5. Il padre di mia madre è _____.

6. Il marito di mia sorella è _____.

7. I figli di mia figlia sono _____.

8. La moglie di mio figlio è _____.

B. Answer the following questions using possessive adjectives as in the example. **(Si dice così A)**

Esempio   Il fratello di Donatella è studente?
        Sì, suo fratello è studente.

1. I cugini di Mario vivono a Perugia?

   _____

2. La zia di Lorenzo e Angela si chiama Marina?

   _____

3. Il suocero di Vittorio è simpatico?

   _____

4. I vostri nonni vengono quest'estate?

   _____

5. La mamma di Cinzia lavora in banca?

_____

6. Il figlio di Claudia e Tino frequenta l'asilo?

_____

C. Circle the correct interrogative word. Then write a logical answer to each question. (**Le parole interrogative**)

1. (Chi / Che) abita in quella casa? _____

2. (Dove / Che) vive tuo cugino? _____

3. (Come mai / quando) non vieni con noi? _____

4. (Quando / Quale) giornale compri? _____

5. (Chi / Quanto) costa il tuo libro? _____

6. (Quale / Dove) lavora tuo padre? _____

7. (Chi / Che cosa) hai nello zaino? _____

8. (Dove / Quando) parti per l'Italia? _____

D. Invent questions for the following answers. (**Le parole interrogative**)

     Esempio   Abito *a Boston.*
                     Dove abiti?

1. *Sandro* telefona tutte le sere. _____

2. Vengo a casa tua *domani.* _____

3. Mi chiamo Sergio *perché mio nonno si chiama Sergio.* _____

4. Studio *medicina* all'università. _____

5. Costa *cento dollari.* _____

6. Vado al cinema *con Mariangela.* _____

7. Sono *di Torino.* _____

8. Vedo Michele *stasera.* _____

E. Circle the item that does not belong in each of the following groups. (**Si dice così B**)

1. Nella sala da pranzo: una tavola / sedie / un quadro / un letto

2. Nella camera da letto: un letto / un comò / una lavagna / una lampada

3. In cucina: un giardino / una lavastoviglie / un forno / una tavola

4. Nel bagno: la doccia / il WC / il divano / il bagno

5. Nell'aula: una lavagna / una cattedra / uno scaffale / una poltrona

6. Nell'orto: broccoli / i mobili / insalata / zucchine

7. Nel salotto: il divano / la poltrona / il WC / il televisore

F. Complete each paragraph with the appropriate forms of the adjective given. (***Bello* e *buono*, *questo* e *quello***)

1. (bello) La famiglia di Luca vive in una _____ villa fuori città. La casa è piena di _____ mobili. C'è un quadro molto _____ nel soggiorno; è un _____ esempio di arte religiosa siciliana. Dalla terrazza c'è un _____ panorama della città.

2. (quello) Questa è una fotografia del matrimonio di Stefania. _____ ragazzi sono i miei cugini. _____ signora è un'amica di mia madre. _____ ragazzo è il mio fidanzato e _____ uomini sono amici di Luca.

3. (buono) Mamma, devi comprare alcune cose per la scuola. Ho bisogno di un _____ computer, di una _____ agenda, di un _____ stereo e di molti _____ CD!

G. A salesman in a furniture store is asking a customer if he likes certain items. The customer replies that he prefers others. Write the salesman's questions and the customer's responses, using the items listed. (***Bello* e *buono*, *questo* e *quello***)

Esempio   lampada
—**Le piace quella lampada?**
—**No, preferisco questa.**

1. divano

   —_____

   —_____

2. quadri

   —_____

   —_____

3. armadio

   —_____

   —_____

4. sedie

   —_____

   —_____

5. tavola

— _____

— _____

6. scaffali

— _____

— _____

H. Write two sentences describing the weather illustrated in each drawing. **(Si dice così C)**

1. _____   3. _____

_____   _____

2. _____   4. _____

_____   _____

I. Complete the following sentences by writing two activities you like to do in each situation. **(Si dice così C)**

1. Quando fa bello, mi piace _____ e _____.

2. Quando piove, preferisco _____ e _____.

3. Quando fa molto freddo, mi piace_____ e _____.

4. Quando nevica, mi piace _____ e _____.

5. Quando fa un caldo tremendo, preferisco _____ e _____.

J. None of Piero's friends can go out with him today, for various reasons. Complete each sentence with the approriate forms of **dovere, potere,** or **volere.** (*Volere, dovere e potere*)

1. Ludovico vuole andare al mare con Piero, ma non _____, perché _____ studiare.

2. Noi _____ andare con Piero, ma non siamo liberi; _____ lavorare.

3. Roberta e Sandro _____ rimanere a casa perché aspettano una telefonata importante.

4. Tu e Margherita non _____ venire; domani _____ dare l'esame di storia e _____ essere preparate.

5. Ernesto non _____ andare al cinema stasera. _____ andare a trovare sua zia all'ospedale.

6. Mi dispiace, Piero! Io e Stefania _____ studiare stasera.

K. Write logical sentences using elements from each column. Be sure to use the correct verb form. (**I verbi irregolari** *fare, dire* e *bere*)

I miei fratelli	fare	cambiare casa fra poco
Io	volere	andare al mare
Luca e Stefania	dire	una Cocacola al bar
Tu e Mario	potere	spedire una cartolina all'ufficio postale
La mamma	dovere	programmi per il loro matrimonio
Io e Marco	non volere	la notizia al papà
Mio nonno	bere	i compiti per il corso di biologia
Tu	non potere	vedere la casa di Alessandra
		comprare un giornale all'edicola
		invitare tutti i parenti al matrimonio

1. _____

2. _____

3. _____

4. _____

5. _____

6. _____

7. _____

8. _____

L. Write where you might do the following activities, using complete sentences. (**Si dice così D**)

      Esempio   ascoltare musica e ballare
                Ascolto musica e ballo in discoteca.

1. comprare un giornale _____

2. prendere un treno _____

3. imbucare una lettera _____

4. comprare sigarette _____

5. vedere un film _____

6. cambiare dollari americani _____

7. comprare medicine _____

8. studiare e usare l'enciclopedia _____

M. Complete the following sentences with the appropriate contracted prepositions. (**Le preposizioni articolate**)

1. Di chi è questa bicicletta? Della professoressa? _____ studente?

    _____ tuoi fratelli? _____ amici? _____ professore?

    _____ mia sorella?

2. Dove sono i miei libri? Nella cartella? _____ zaino? _____ banco?

    _____ automobile? _____ cucina?

3. Dove andate di bello? Al mare? _____ negozi? _____ casa dei

    nonni? _____ stadio? _____ università?

4. Da dove arrivi? Dall'aeroporto? _____ stazione? _____ centro?

    _____ ufficio?

5. Non trovo la mia penna. Non è sul tavolo. Non è _____ scaffale. Non è

    _____ comò. Ah, eccola _____ letto!

6. Con chi vai al cinema? Con Roberto? _____ gli amici? _____ la tua

    fidanzata?

PRATICA COMUNICATIVA

A. Come rispondere?   Circle the letter of the most logical response to each question.

1. Vedi quell'oggetto sul tavolino?

    a. Quale, questo?

    b. Quale, questa?

    c. Quando?

2. Qui fa un caldo incredibile! Cosa facciamo?

    a. Andiamo a sciare!

    b. Andiamo a fare il bagno!

    c. Andiamo dentro il vulcano!

3. Devi andare in banca?

    a. Sì, sono senza soldi.

    b. Sì, voglio comprare un giornale.

    c. Sì, devo imbucare una lettera.

4. Ma dove ci sposiamo?

    a. Il 17 giugno.

    b. In chiesa.

    c. Luca e Stefania.

5. Permesso, signora... ?

    a. Ti voglio bene!

    b. Ti offro io!

    c. Avanti! Benvenuta!

B. Il fine-settimana.   Write eight sentences describing your plans for this weekend. Indicate what activities you must do and which ones you want to do.

Sabato: _____

_____

_____

_____

Domenica: _____

_____

_____

_____

C. Il nuovo vicino di casa. Daniela has just moved to a new town and is meeting her next-door neighbor for the first time. She also wants some information about the area. After reading the neighbor's responses, write Daniela's questions.

—_____?

—Mi chiamo Giuseppe Leone. Molto piacere.

—_____?

—L'ufficio postale non è lontano da qui, è in centro.

—_____?

—Apre alle otto e mezzo.

—_____?

—Può andare in centro con l'autobus.

—_____?

—L'autobus costa 800 lire, ma prima deve comprare il biglietto.

—_____?

—Al bar.

—_____?

—No grazie. Oggi non posso.

—_____?

—Devo stare a casa. Aspetto una telefonata importante. Comunque, molto piacere di conoscerLa. ArrivederLa.

D. La mia famiglia. Write at least eight sentences describing three or four members of your family. Include their names, ages, relationship to you, where they live, and what they do.

_____

_____

_____

_____

_____

_____

_____

_____

E.   Cambiare casa.   You would like to move, but first you have to do two things: **find a new** house or apartment and find a tenant for the apartment you are living in now. Using the following ads as models, write a classified ad for the type of apartment you are looking for and one for your current residence.

> **CERCASI** appartamento centrale, zona università. Due camere, cucina. Ingresso privato. Vicino al mare. Prezzo vantaggioso. Telefono 52.83.700

> **CERCASI** villetta con giardino. In periferia, zona rurale, tranquilla. Cucina, due bagni, bicamerale. Due persone. Da settembre. 1.500.000 lire massimo. Tel. 63.01.001

> **AFFITTASI** Milano Via Garibaldi appartamento monolocale, cucina, bagno. 55 mq. Arredamento confortevole. Terrazza. Bel panorama della città. Quarto piano. Telefono 95.18.487

> **AFFITTASI** villa signorile, panorama, giardino, orto. Tre camere due bagni. Grande cucina. Doppio soggiorno. Ingresso. Fuori città. 950.000.000. Tel. 32.14.111

Cercasi _____

_____

_____

_____

_____

_____

Affittasi _____

_____

_____

_____

_____

_____

F.   Spazio idea.   Look at the ad for convertible furniture. Then circle the letter of the phrase that best completes each sentence.

1. Il sistema trasformabile "Liolà" è

   a. un divano e un letto

   b. un divano e una cucina

   c. un letto e un matrimonio

2. Possiamo usare il sistema trasformabile "Parentesi" per

   a. dormire e guardare la televisione

   b. dormire e mettere i libri

   c. fare un caffè e mettere i libri

3. Il disegnatore del sistema "Parentesi" si chiama

   a. Clei

   b. Pier Luigi Colombo

   c. Leonardo da Vinci

4. La Clei è un'industria specializzata nei mobili

   a. signorili

   b. antichi

   c. trasformabili

5. I prodotti della Clei sono utili (*useful*) perché

   a. risolvono problemi di spazio

   b. costano poco

   c. sono distribuiti da *Spazio idea*

G. Cruciverba. Complete the following crossword puzzle.

Orizontale

7. Una festa dopo la cerimonia del matrimonio
8. La moglie di tuo figlio
9. Un bel posto per guardare una partita di calcio (*soccer*)
10. La forma "Lei" di **potere**
11. A gennaio fa un freddo _____!
12. Il plurale di *uomo*
13. È utile per andare dal pianterreno al primo piano
16. Uno spazio aperto nella città
18. Il contrario di *brutte*
19. È utile per sapere che ore sono

Verticale

1. La cattedrale centrale di una città
2. Cambiare casa
3. Io scio, tu scii, Stefania _____
4. La forma "io" di *dire*
5. Dove aspettiamo l'autobus
6. Il tipo di una casa: signorile, moderno o semplice
8. È la figlia di tua sorella
14. Costa molto!
15. Dura dodici mesi
17. Il fratello della tua mamma

VOCABOLARIO E GRAMMATICA

A. Circle the word that doesn't belong in each group and then explain why, as in the example. **(Si dice così A)**

Esempio   le ciliegie / la lattuga / la banana / l'arancia

La lattuga non è una frutta; è una verdura.

1. la bistecca / il vitello / il prosciutto / l'uva

   _____

2. le patate / il melone / gli spinaci / i piselli

   _____

3. il pollo / il pescivendolo / il macellaio / il fruttivendolo

   _____

4. la bancarella / le uova / il pane / il formaggio

   _____

5. la mela / le fragole / l'ananas / il latte

   _____

6. le carote / le melanzane / l'agnello / le cipolle

   _____

B. A friend is asking you about what you did last evening. Write questions and answers using the words given, as in the example. (**Il passato prossimo**)

> **Esempio**   dove essere ieri sera / uscire
> —**Dove sei stato/a ieri sera?**
> —**Sono uscito/a.**

1. che cosa fare ieri sera / andare ad una festa

   —_____

   —_____

2. a che ora uscire / uscire alle sette e mezzo

   —_____

   —_____

3. come arrivare alla festa / andare con l'autobus

   —_____

   —_____

4. chi vedere alla festa / vedere Marco e Anna

   —_____

   —_____

5. che cosa fare alla festa / ballare e parlare con gli amici

   —_____

   —_____

6. fino a (*until*) che ora rimanere là / tornare a casa a mezzanotte

   —_____

   —_____

C. Complete the following paragraph by writing the correct form of the verbs in parentheses in the **passato prossimo**. (**Il passato prossimo**)

Stamattina Carolina _____ (uscire) molto presto.

_____ (andare) al mercato all'aperto vicino a casa sua. Lì

Carolina _____ (comprare) frutta e verdura fresche e

_____ (scegliere) un bel melone. Purtroppo,

_____ (dimenticare) di comprare le fragole.

_____ (prendere) il caffè ad un bar vicino al mercato e poi

_____ (tornare) a casa. _____ (preparare)

la prima colazione per la sua amica Mirella. Le due ragazze _____

(mangiare) insieme e _____ (parlare) del più e del meno.

D. Describe what Paolo did last night, based on the drawings. Write two sentences for each drawing. **(Il passato prossimo)**

1.

2.

3.

4.

5.

6.

1. _____
   _____

2. _____
   _____

3. _____
   _____

4. _____
   _____

5. _____

6. _____
   _____

E. Write out the numbers in Italian. **(I numeri da 100 a 1.000.000)**

1. I pomodori costano (3.500) _____
   lire al chilo e le cipolle costano (2.200) _____ lire.

2. Mio nonno è nato nel (1931) _____
   e mia madre è nata nel (1954) _____.

3. L'affitto per quest'appartamento è (2.200.000) _____

   lire al mese ma noi non possiamo pagare più di (1.500.000) _____.

4. Il capitolo comincia a pagina (583) _____

   del libro e finisce a pagina (620) _____.

5. In Italia ci sono più di (58.000.000) _____

   abitanti e a Roma ci sono (3.000.000) _____.

6. Dunque il cappuccino viene (4.000) _____

   lire, il gelato viene (2.500) _____

   lire: sono (6.500) _____ lire totale.

F. Complete the following sentences with an appropriate word or expression. (**Si dice così B**)

1. Un oggetto molto caro è _____.

2. Chi paga con banconote e monete paga in _____.

3. Una signora che lavora alla cassa è una _____.

4. Mettiamo i soldi e le carte di credito nel _____.

5. Usiamo la bilancia per _____ prodotti.

6. Il cassiere dà lo _____ al cliente quando ha pagato.

7. Se trovi un prodotto ad un prezzo conveniente, è un _____.

8. Se hai bisogno di soldi, puoi andare in banca e _____ un assegno.

G. Write a paragraph of at least five sentences describing what is happening in the drawing. (**Si dice così B**)

_____

_____

_____

_____

_____

H. Rewrite the following sentences using the partitive. **(Il partitivo)**

Esempi   Vuoi un po' di caffè?   **Vuoi del caffè?**
             Prendi alcune carote?   **Prendi delle carote?**

1. Mi puoi prestare un po' di soldi? _____

2. Vorrei un po' di prosciutto e alcuni grissini, per piacere. _____

_____

3. Ho invitato alcuni amici a casa. _____

4. Mi servono alcune banconote. _____

5. Vuoi un po' di zucchero? _____

6. Ho comprato alcune matite e un po' di carta. _____

_____

7. I signori prendono un po' di vitello con alcune patate. _____

_____

I. Answer the following questions using **ne,** as in the example. **(Il pronome *ne*)**

Esempio   Quante mele compri?   (3)
              Ne compro tre.

1. Quanto vitello vuole?   (due etti) _____

2. Quante ciliegie desidera?   (mezzo chilo) _____

3. Ha bisogno di cipolle?   (Sì) _____

4. Prende della pasta fresca?   (Sì, un po') _____

5. Quanti meloni vuole?   (solo uno) _____

6. Desidera alcune mele?   (Sì, un chilo) _____

7. Ha spiccioli?   (No) _____

J. Rewrite each of the following statements to make it true. (**Si dice così C**)

1. Possiamo guardare la merce di un negozio nel profumo.

   _____

2. Per il compleanno di un amico, spediamo un bagnoschiuma di auguri.

   _____

3. Possiamo comprare il sapone in una macelleria.

   _____

4. Il commesso è la persona che compra i prodotti.

   _____

5. Un prodotto che si vende a prezzo speciale è in vetrina.

   _____

6. Colgate e Meladent sono due regali.

   _____

K. Answer the following questions in the negative or affirmative, replacing the direct object with the appropriate direct-object pronoun. (**I pronomi complemento oggetto diretto**)

Esempi   —Vedi il quadro?
   —Sì, lo vedo. / No, non lo vedo.

   —Bevete la Cocacola?
   —Sì, la beviamo. / No, non la beviamo.

1. Guardate il programma televisivo? _____
2. Studiate la filosofia? _____
3. Capisci i pronomi? _____
4. Vuoi il latte? _____
5. Preferite le fragole? _____
6. Pago il conto? _____
7. Mangi la frutta? _____
8. Ordiniamo le pizze? _____

L. Answer the following questions using **ci** as in the example. (**L'avverbio *ci***)

Esempio   —Ti piace andare alla spiaggia?
   —Sì, ci vado spesso. (Sì, mi piace andarci. / No, non ci vado mai. / No, non mi piace andarci.)

1. Ti piace andare alle feste? _____
2. Hai voglia di andare in Italia? _____

3. Vai spesso a New York? _____

4. Sei stato/a mai a Disney World? _____

5. Ti piace studiare in biblioteca? _____

6. Ti piace andare al supermercato? _____

7. Mangi alla mensa della tua università? _____

M. Answer the following questions logically using direct-object pronouns. **(Si dice così D)**

> **Esempio**   Dove puoi comprare un giornale?
> **Lo posso comprare all'edicola. / Posso comprarlo all'edicola.**

1. In quale negozio puoi comprare il dentifricio e l'aspirina?

   _____

2. Dove puoi comprare dodici uova?

   _____

3. In quale negozio puoi comprare del formaggio e del salame?

   _____

4. Dove puoi comprare sale, sigarette e francobolli?

   _____

5. Dove puoi trovare fragole e ciliegie fresche di stagione?

   _____

6. Dove puoi comprare una bella bistecca?

   _____

7. Dove prendi un gelato al cioccolato?

   _____

N. Write questions and answers using the cues given. Follow the example. **(L'accordo con i pronomi nel passato prossimo)**

> **Esempio**   mangiare la torta / Michele
> **—Chi ha mangiato la torta?**
> **—Michele l'ha mangiata.**

1. scrivere la lettera / Caterina

   _____

2. vedere le fotografie / gli amici

   _____

3. comprare i quaderni / Roberto

   _____

4. fare i compiti / noi

_____

5. prendere la banconota da 10.000 lire / Patrizia

_____

6. mangiare le melanzane / io

_____

PRATICA COMUNICATIVA

A.   Come rispondere?   Write the letter of the appropriate response in the right-hand column to each question or statement in the left-hand column.

1. _____ Accipicchia! Sono senza soldi!

2. _____ Che dormiglione che sei stamattina!

3. _____ È lontana la farmacia?

4. _____ Ecco Pino! Non lo voglio vedere. Dai! Filiamo!

5. _____ Guarda questa bicicletta. Ho pagato solo 200.000 lire!

6. _____ Mirella! Dove vai? Perché tanta fretta?

7. _____ Ti sei divertito al cinema oggi?

a. Devo comprare dei pomodori, e il mercato chiude fra dieci minuti.

b. Eh sì! Sono tornata a casa molto tardi ieri sera.

c. È bellissima! Hai fatto un affare!

d. Ma non essere stupida, Mirella. Pino è un bravo ragazzo!

e. No, è a due passi.

f. Non ti preoccupare. Ti posso prestare ventimila lire.

g. Sì, il film mi è piaciuto molto.

B.   In una salumeria.   The following lines are from a conversation between a salesclerk and a customer in a **salumeria.** Put the sentences in the correct order, numbering them from one to thirteen.

_____ Quanti ne vuole?

_____ Arrivederci, signora.

_____ Ne prendo due etti.

_____ Buongiorno, signora, desidera?

_____ Dunque, due etti di prosciutto, quattro panini; fanno 7.500 in tutto.

_____ Ecco a Lei. Arrivederci.

_____ Eccoli, signora. Altro?

_____ Sì, alcuni panini.

_____ Mmmm, forse quattro.

_____ Buongiorno. Un po' di prosciutto crudo di Parma, per cortesia.

_____ No grazie, basta così.

_____ Ecco il prosciutto. Desidera altro?

_____ Quanto ne vuole?

C. Al mercato all'aperto. After a full morning of sightseeing in Assisi, you decide to buy some fresh fruit at the market and take a break. Write a short conversation between you and a **fruttivendolo.** You buy two kinds of fruit and then pay.

FRUTTIVENDOLO _____

TU _____

FRUTTIVENDOLO _____

TU _____

FRUTTIVENDOLO _____

TU _____

FRUTTIVENDOLO _____

TU _____

FRUTTIVENDOLO _____

TU _____

FRUTTIVENDOLO _____

D. I miei negozi preferiti. Briefly describe the following stores. For each one, tell the name of the store you shop at, where it is located, and some items you typically buy there.

un supermercato dove fai la spesa: _____

_____

_____

una farmacia vicino a casa tua: _____

_____

_____

una gelateria che ti piace: _____

_____

_____

una libreria preferita: _____

_____

_____

E. Cosa ho fatto ieri? Write at least eight sentences describing what you did yesterday. Include where you went and what you did, what you ate, whom you saw, what classes you had, whether or not you worked, and finally what you did in the evening.

_____

_____

_____

_____

_____

_____

_____

_____

F. Donna e Bellezza. Read the ad for Vitamol beauty products on page 53. Then answer the questions given below, using complete sentences. Write out all numbers.

1. Che cosa combattono i prodotti Vitamol?

_____

_____

2. Dove sono in vendita i prodotti?

_____

_____

3. Quanto viene un flacone di olio per massaggio? E un flacone di bagno schiuma?

_____

_____

4. Quanto costa il set completo per il trattamento anticellulite?

_____

_____

5. Se una cliente compra un flacone di latte idratante, un vaso di crema anticellulite e un vaso di crema massaggio, quanto paga in tutto?

_____

_____

6. Se un cliente compra un vaso di crema rassodante e un flacone di bagno schiuma, quanto è il peso totale?

_____

_____

G. Il proverbio nascosto. The chart below contains an Italian proverb. To discover what it is, cross out the words that fit the following categories in the chart.

Cancellare se la parola descrive

- un mese dell'anno
- una frutta
- una verdura

- un numero
- un modo di pagare
- un tipo di negozio

ananas	chi	ottobre	diciotto	profumeria
ride	ciliegia	venti	cipolle	carta di credito
melanzane	contanti	il	milione	fragola
venerdì	libreria	assegno	luglio	piange
salumeria	lattuga	undici	la	melone
gennaio	banana	domenica	cartoleria	pomodoro

Proverbio: _____

VOCABOLARIO E GRAMMATICA

A. Guardare il disegno e poi rispondere alle domande con frasi complete. **(Si dice così A)**

1. Chi sono i due giovani turisti? Dove stanno?

_____

2. Che cosa hanno ordinato?

_____

3. Che cosa fa il barista?

_____

4. Chi sono le persone che stanno a piede al banco?

   _____

5. Che cosa prendono le persone al banco?

   _____

B. Scrivere la parola appropriata per ogni definizione. (**Si dice così A**)

1. Dove si siedono i clienti del bar: _____

2. Se non si siede, il cliente sta in piedi al: _____

3. È il primo pasto della giornata: _____

4. Un altro modo di dire *non gassata:* _____

5. Che contiene molto zucchero (*sugar*): _____

6. Una cosa che si beve prima del pasto: _____

7. Caffè espresso con acqua, meno forte: _____

8. Caffè espresso con un po' di latte: _____

C. Scegliere dalla seguente lista una risposta appropriata per ogni situazione, e poi scrivere quello che dici, come nel modello. (**Pronomi complementi oggetto indiretto**)

> **Esempio** Vedi un'amica.
> **Le dico "Ciao!"**

Buon appetito!	Prego!
Buon viaggio!	ArrivederLa, signora!
Benvenuto/a!	Scusate il ritardo!
Crepi!	Benone!

1. Dai un esame e una tua amica ti dice "In bocca al lupo!" _____

2. I tuoi due fratelli partono per un viaggio in Europa. _____

3. Un'amica di tua madre va via. _____

4. Io vengo a casa tua per la prima volta. _____

5. Hai aiutato due amiche e ti dicono "Grazie!" _____

6. Noi ti domandiamo "Come stai?" _____

7. Sei arrivato/a in ritardo per un appuntamento con tre amici. _____

   _____

8. Tuo padre comincia a mangiare. _____

D. Completare con i pronomi oggetto diretto e indiretto appropriati. (**Pronomi complementi oggetto indiretto**)

1. Tu non puoi telefonar_____ perché io sono via fino a domenica.

2. Hai parlato con tuo padre? Quando _____ hai telefonato?

3. (A Marco) _____ scrivo una lettera ogni mese.

4. (A Carla) _____ preparo con piacere un tiramisù; lo so che _____ piace.

5. "Cameriere, _____ può portare un po' di acqua, per favore? Siamo senza!"

6. "Cameriere, _____ porti del pane, per favore. Non ne ho più."

7. "Scusi, signorina, mia madre vuole dello zucchero. _____ può portare lo zucchero?"

8. "Scusi, signorina, il mio compagno vuole un po' di ghiaccio. _____ può portare del ghiaccio, per favore?"

E. Sandra descrive quello che ha fatto ieri sera con il suo amico Francesco. Mettere le frasi in ordine logico. (**Si dice così B**)

_____ Abbiamo deciso di prendere un dolce speciale: il tiramisù.

_____ Abbiamo preso anche il caffè.

_____ Abbiamo scelto una tavola con vista del mare.

_____ Alla fine del pranzo il cameriere ci ha portato due digestivi e il conto.

_____ Come primo piatto ho preso spaghetti alle vongole e Francesco ha ordinato un risotto con frutti del mare.

_____ Prima abbiamo mangiato un antipasto misto.

_____ Sono andata ad un ristorante con Francesco ieri sera.

_____ Per il secondo piatto abbiamo mangiato pesce con un contorno di verdure fresche.

F. Sottolineare (*underline*) la frase che corrisponde a quella in corsivo. (**I pronomi doppi**)

1. *La nonna ha mandato i soldi per voi.*

   Ve li ha mandato. / Lo ve ha mandato. / Ve li ha mandati.

2. *Sandra mi ha parlato del problema.*

   Me ne ha parlato. / Me lo ha parlato. / Ha parlatomelo.

3. *Ho offerto un caffè ai colleghi.*

   Glielo avete offerto. / Glieli ho offerti. / Gliel'ho offerto.

4. *Ti porto subito le tagliatelle.*

   Te le porto subito. / Le te porto subito. / Portotele subito.

5. *Ho fatto la domanda agli amici.*

   Glielo ho fatto. / L'ho fatta loro. / Li ho fatto la.

G. Rispondere alle domande con pronomi doppi, come nell'esempio. (**I pronomi doppi**)

Esempio   Mi presti il tuo libro di ricette?
Sì, te lo presto volentieri.

1. Mi dai la tua ricetta per il risotto? _____

2. Ci prepari le lasagne? _____

3. Le fai la torta per il suo compleanno? _____

4. Mi dai un foglio di carta? _____

5. Ci presti la tua macchina stasera? _____

6. Gli regali una nuova bicicletta? _____

7. Offri il gelato ai bambini? _____

8. Scrivi la lettera a Giovanni? _____

9. Prendi i pomodori per me al mercato? _____

10. Ci porti il caffè? _____

H. Abbinare ogni parola o espressione a destra con una definizione a sinistra. (**Si dice così C**)

1. _____ vino frizzante	a.	brindare
2. _____ con uova, formaggio e prosciutto	b.	alla marinara
3. _____ una persona che mangia molto	c.	sano
4. _____ un altro modo di dire *delizioso*	d.	lo spumante
5. _____ salutare con il vino	e.	squisito
6. _____ che fa bene alla salute	f.	la minestra
7. _____ in una salsa leggera di pomodori	g.	alla carbonara
8. _____ può essere un primo piatto	h.	golosa

I. Creare avverbi dagli aggettivi elencati. Poi usare ogni avverbio in una frase originale. (**Gli avverbi**)

Esempio   certo
certamente   Arriviamo certamente domani.

1. facile _____ _____

2. normale _____ _____

3. sicuro _____ _____

4. regolare _____ _____

5. strano _____ _____

6. gentile _____ _____

7. attento _____ _____

8. breve _____ _____

J. Riscrivere ogni frase con il contrario dell'avverbio dato. Attenzione alla posizione dell'avverbio. **(Gli avverbi)**

Esempio (lentamente) Attenta, Alessandra! Tu guidi troppo!
Attenta, Alessandra! Tu guidi troppo velocemente!

1. (male) Giuseppe parla l'inglese.

_____

2. (raramente) Vado al mare durante l'estate.

_____

3. (poco) I suoi studenti sono bravi.

_____

4. (sempre) Non ho provato il pesto.

_____

5. (imperfettamente) Giuseppina sa leggere il giapponese.

_____

6. (mai) Ho vissuto a Genova.

_____

K. Completare i tre seguenti mini-dialoghi con la forma corretta di **conoscere** o **sapere**. (*Conoscere* e *sapere*)

1. —Vuoi _____ come preparare un buon pesto?

   —Ma lo _____ già! Basta pestare il basilico nel mortaio di marmo!

   —Ma tu, come lo _____?

   —Mia nonna è di Genova e _____ tutti i segreti della cucina ligure.

2. —Io _____ una persona famosa ieri. Vuoi

   _____ chi è?

   —Certo che lo voglio _____.

   —Milly Carlucci!

   —Milly chi? Non la _____.

   —Ma tutti la _____! È una presentatrice della televisione!

3. —Dove andate per le vacanze quest'anno?

   —Non lo _____ ancora. Forse andiamo a Londra.

   —Tu _____ già Londra?

   —Certo! Infatti, _____ lì mia moglie, dieci anni fa.

L. Fare un cerchio intorno alla parola intrusa e poi scrivere perché non va con le altre parole. **(Si dice così D)**

1. pepe / ricetta / sale / peperoncino

   _____

2. forno / cucchiaio / forchetta / coltello

   _____

3. piatto / tovagliolo / vassoio / aglio

   _____

4. bicchiere / pentola / aceto / tazza

   _____

5. A tavola! / In bocca al lupo! / Altrettanto! / Buon appetito!

   _____

6. insegnare / bollire / cuocere / friggere

   _____

M. Riscrivere le seguenti frasi usando il *si impersonale*, come nel modello. (*Si impersonale*)

   Esempio   È vietato fumare qui.
                   Non si fuma qui.

1. È vietato ascoltare la radio. _____

2. È vietato bere gli alcolici. _____

3. È vietato dire le parole cattive. _____

4. È vietato toccare le sculture. _____

5. È vietato parlare inglese. _____

N. Parlare di costumi italiani e americani usando il *si* **impersonale,** come nel modello. (*Si* **impersonale**)

1. Che cosa si prende in un bar americano? E in un bar italiano? _____
   _____
   _____

2. Che cosa si mangia per la prima colazione negli Stati Uniti? E in Italia? _____
   _____
   _____

3. A che ora si mangia il pasto più grande in Italia? E in America? _____
   _____
   _____

4. Che cosa si mangia per la cena in Italia? E negli Stati Uniti? _____
   _____
   _____

5. Che cosa si beve con il pranzo in America? E in Italia? _____
   _____
   _____

6. Quali sono tre ingredienti che si usano più spesso in Italia che in America? E che si usano di
   più in America? _____
   _____

PRATICA COMUNICATIVA

A. **La risposta sbagliata.** Quale delle risposte *non* va con la frase corrispondente?

1. Quanto tempo ci vuole per arrivare a La Spezia?
   a. Ancora mezz'ora.
   b. Sono le tre e mezzo.
   c. Ci vogliono tre ore.

2. Hai portato il mio cornetto?
   a. Scusami, Giacomo! Me lo sono dimenticato.
   b. Sì, eccolo.
   c. Non gliele ho comprate.

3. Stasera abbiamo dell'ottimo pesce, fresco dal mare.
   a. Bene! Non sopporto il pesce.
   b. Ottimo! Adoro il pesce.
   c. Benissimo, mi piace tanto il pesce.

4. Non hai finito i tuoi spaghetti!

    a. Non ce la faccio più!

    b. Ho l'acquolina in bocca!

    c. Ho già mangiato troppo!

5. Renata, c'è un problema in cucina? Sento odore di bruciato.

    a. Accipicchia! Sono senza soldi!

    b. Aiuto! La mia torta!

    c. Accidenti! È il vitello!

6. Come si fanno gli spaghetti all'amatriciana?

    a. Prima si preparano le mele.

    b. Prima si bolle l'acqua.

    c. Prima si tagliano le cipolle.

B. Il menù confusionario. Il proprietario del ristorante "Da Giorgio" era molto confuso quando ha scritto il menù per oggi: ha messo tutti i piatti in categorie sbagliate! Ricostruire il menù giusto, scrivendo i vari piatti nei posti appropriati.

Ristorante "Da Giorgio"

I piatti del giorno

Antipasti
Broccoli al burro
Vitello tonnato
Lasagne al forno
Bistecca alla fiorentina

Secondi piatti
Bruschetta
Insalata mista
Minestrone "alla nonna"
Risotto ai funghi del bosco

Primi piatti
Calamari sott'olio
Patate lesse con erbe
Antipasto misto
Spinaci

Contorni
Pescespada con capperi
Prosciutto crudo di Parma
Petto di pollo alla griglia
Spaghetti alla carbonara

Ristorante "Da Giorgio"

I piatti del giorno

Antipasti   *Secondi piatti*

_____   _____

_____   _____

_____   _____

_____   _____

Primi piatti   *Contorni*

_____   _____

_____   _____

_____   _____

_____   _____

C. Da Giorgio.   Tu ed un amico/un'amica andate a mangiare nel ristorante "Da Giorgio" (di Attività B). Scrivere come rispondete al cameriere.

CAMERIERE   Buona sera, signori. In quanti siete stasera?

VOI   _____

CAMERIERE   Benissimo. C'è una tavola libera vicino alla finestra. Vi va bene?

VOI   _____

CAMERIERE   Volete ordinare un antipasto?

TU   _____

AMICO/A   _____

CAMERIERE   Che cosa desiderate per il primo piatto?

TU   _____

AMICO/A   _____

CAMERIERE   E per il secondo?

TU   _____

AMICO/A   _____

CAMERIERE   Da bere?

VOI   _____

CAMERIERE   Ottimo. Vi porto subito l'antipasto.

D. Un ristorante orrendo. Descrivere un ristorante che non ti piace per niente. Come si chiama? Dov'è? Che tipo di cibo servono? Perché non ti piace? Descrivere l'ultima volta che ci sei andato/a. Che cosa hai mangiato?

_____

_____

_____

_____

_____

_____

_____

_____

E. I buongustai. Tu ed un amico/un'amica amate mangiare bene, e avete deciso di fare un giro gastronomico dell'Italia. Raccontare tutto quello che avete mangiato un giorno a Genova. Scrivere anche se vi è piaciuto quello che avete mangiato/bevuto.

La mattina abbiamo fatto colazione ad un caffè. Abbiamo preso _____,

_____ e _____. Ho speso

_____.

A mezzogiorno siamo andati/e a _____

_____

_____

La sera abbiamo voluto mangiare una cosa più leggera (*light*). Siamo andati/e a _____

_____

_____

_____

F.   Il semaforo gastronomico.   Ecco due giorni di una nuova dieta a giorni alternati. Se il semaforo (*traffic light*) è rosso, mangi poco. Se è verde, mangi più abbondantemente. Guardare l'articolo e poi rispondere alle domande.

1. Quali sono tre elementi comuni ai due giorni?

   _____

   _____

   _____

   _____

   _____

2. Cosa puoi mangiare giovedì che non va bene venerdì?

   _____

   _____

   _____

   _____

3. Quali sono alcuni cibi menzionati che ti piacciono?

   _____

   _____

   _____

   _____

4. Quali sono alcuni cibi menzionati che non ti piacciono?

   _____

   _____

   _____

5. Ti interessa seguire una dieta così? Perché?

   _____

   _____

   _____

   _____

   _____

GIOVEDÌ

Appena svegli una tazza di infuso di verbena.

COLAZIONE: Una tazza di tè con 4 biscottini secchi e uno *yogurt* con 4-5 fragole; oppure una tazza di latte parzialmente scremato con 4 biscottini secchi e una tazza di fragole.

SPUNTINO: Un bicchiere di frullato di fragole oppure di mezza banana.

PRANZO: Insalata di pasta fredda con pomodoro fresco, basilico, 3-4 olive nere a filetti e peperoncino, insalata di lattuga e indivia, un cucchiaio di olio extravergine d'oliva, una fettina di pane integrale.

MERENDA: Un gelato alla frutta.

CENA: Una porzione di latticini (ricotta, mozzarella o stracchino), finocchi gratinati, insalata di pomodori e cetrioli sottilmente affettati, un cucchiaio di olio extravergine d'oliva per condire il tutto, una fetta di pane integrale.

DOPO CENA: Una tazza di infuso di verbena e una mela.

VENERDÌ

Appena svegli una tazza di infuso di verbena.

COLAZIONE: Una tazza di tè con 2 fette biscottate integrali e uno *yogurt* magro con 4-5 fragole e un cucchiaino di miele; o una tazza di latte scremato con 2 fette biscottate integrali e una tazza di fragole con un cucchiaino di miele.

SPUNTINO: Un centrifugato di carote; o 2-3 carote.

PRANZO: Minestra dell'ortolano (vedi ricetta a pagina 36), insalata di carciofi sottilmente affettati e rucola, condita con succo di limone e un cucchiaino di olio, una fettina di pane integrale.

MERENDA: Un frullato di un bicchiere di latte magro o di uno *yogurt* magro con 2 albicocche.

CENA: Una porzione di insalata di mare (calamari, gamberetti, vongole) condita con succo di limone, fagiolini al limone, insalata mista con un cucchiaio di olio.

DOPO CENA: Una tazza di infuso di verbena e una mela.

G. Il messaggio segreto. Prima scrivere le parole appropriate vicino ad ogni definizione. Poi trovare le stesse parole nello schema qui sotto e cancellarle. Le lettere rimaste ti danno un'utile frase italiana. Le parole sono disposte orizontalmente, verticalmente e diagonalmente.

Esempio   Acqua gelata che mettiamo nel tè freddo: g̲ h̲ i̲ a̲ c̲ c̲ i̲ o̲

```
A  N  I  L  O  U  Q  C  A  B  G
I  S  B  Z  U  L  U  N  G  H  I
C  P  A  C  U  G  I  N  I  O  O
N  U  R  N  L  C  A  A  A  P  T
A  M  I  C  U  O  C  A  R  P  S
M  A  S  C  P  C  N  H  E  E  A
P  N  T  E  I  T  A  S  E  I  P
T  T  A  O  B  U  T  T  A  R  E
B  E  N  E  O  O  S  A  N  N  O
```

Ho una fame da __ __ __ __ !

Soldi che diamo a un bravo cameriere: __ __ __ __ __ __

È molto dolce; lo mettiamo nel caffè: __ __ __ __ __ __ __ __

Ho fame! Mi viene l'__ __ __ __ __ __ __ __ __ in bocca!

Un vino frizzante, d'Asti, per esempio: __ __ __ __ __ __ __ __

Il contrario di *male:* __ __ __ __

Mettere la pasta in acqua bollente: __ __ __ __ __ __ __

La forma "loro" di *sapere:* __ __ __ __ __

Basilico, aglio, olio e pinoli: __ __ __ __ __

Alla salute della __ __ __ __ __ !

Un uomo che lavora al bar: __ __ __ __ __ __ __

I figli di tua zia: __ __ __ __ __ __

Stanza dove si prepara il cibo: __ __ __ __ __ __

"Franca vuole dormire: è molto __ __ __ __ __ __ !"

Un frutto giallo o verde a forma oblunga: __ __ __ __

Il contrario di *brevi, corti:* __ __ __ __ __ __

La prima colazione, il pranzo o la cena: __ __ __ __ __

Il messaggio segreto è: _____

U N I T À

6

VOCABOLARIO E GRAMMATICA

A. Scrivere una parola appropriata per ogni definizione. (**Si dice così A**)

1. Un'altra parola per *collezione:* _____

2. Il contrario di *stressante:* _____

3. Riprodurre l'aspetto di un oggetto con matita su carta: _____

4. Un gioco antico con trentadue pezzi: _____

5. Un uomo in cerca di animali: _____

6. Raccogliere: _____

7. Dove si comprano i mobili antichi: _____

8. È appeso (*hangs*) sulla parete del museo: _____

B. Rispondere alle domande con frasi complete. (**Si dice così A**)

1. Hai un hobby o un passatempo? Quale?

   _____

2. Hai mai collezionato qualcosa? Che cosa? Lo fai ancora?

   _____

3. Vai spesso alle esibizioni? Che tipo di mostra ti interessa di più?

   _____

4. Sai suonare il pianoforte o la chitarra? Quando hai imparato?

   _____

5. Sei un tipo artistico? Ti piace disegnare o dipingere? O forse ti piace guardare quadri antichi?

   _____

6. Che cosa è rilassante per te? E stressante?

   _____

C. Scrivere quello che le persone indicate facevano ieri sera. (**L'imperfetto**)

      Esempio   noi / cantare / mia sorella / suonare il pianoforte
                    Noi cantavamo mentre mia sorella suonava il pianoforte.

1. io / guardare la televisione / lei / fare i compiti

   _____

2. mio padre / leggere l'articolo / noi / ascoltare

   _____

3. voi / preparare la cena / io / bere un aperitivo

   _____

4. noi / essere al lavoro / loro / rimanere a casa

   _____

5. i genitori / aspettare / la loro figlia / essere fuori

   _____

6. noi / giocare a carte / tu / parlare al telefono

   _____

D. Pensare ad un insegnante, maestro o professore che tu avevi o nelle scuole o all'università. Com'era fisicamente questa persona? Che tipo di persona era? Che cosa faceva in classe? Che cosa facevano gli studenti? Perché ti piaceva tanto? Scrivere almeno otto frasi, usando l'imperfetto per descrivere la persona. (**L'imperfetto**)

_____

_____

_____

_____

_____

_____

_____

_____

E. Scrivere il nome dello sport che tu associ con le seguenti cose e persone. (**Si dice così B**)

1. Giocatori alti, squadre di cinque persone, Michael Jordan: _____

2. Martina Navratilova, Wimbledon, una rachetta: _____

3. La piscina, acqua, Matt Biondi: _____

4. Il ghiaccio, Kristi Yamaguchi: _____

5. Alberto Tomba, montagne, la neve: _____

6. Bicicletta, il giro d'Italia: _____

7. Muscoli, Arnold Schwarzenegger: _____

F. Descrivere che cosa stanno facendo le persone nel disegno. Scrivere almeno cinque frasi. (**Si dice così B e il tempo progressivo**)

_____

_____

_____

_____

_____

G. Cambiare le frasi alla costruzione progressiva—presente o passato—come negli esempi. (**Il tempo progressivo**)

    Esempi   Esco in questo momento.
                 Sto uscendo in questo momento.

                 Dove andavi?
                 Dove stavi andando?

1. Buone notizie! Il Verona vince! _____

2. Guardano con entusiasmo la partita. _____

3. Che cosa fai? _____

4. Bevo un'aranciata. _____

5. I giocatori fanno una pausa. _____

6. Noi correvamo prima di fare colazione. _____

7. Che cosa dicevo? _____

8. Ci parlavi della corsa. _____

H. Scrivere sette frasi, descrivendo quello che facevano le persone della prima colonna quando è successo qualcosa dalla seconda colonna. (**L'imperfetto e il passato prossimo**)

> **Esempio**   tu / dormire   io / entrare
> **Tu dormivi quando io sono entrata.**

Ornella / entrare in casa	la radio / annunciare il disastro
Massimo / fare le commissioni	il padre /arrivare
La maestra / correggere gli esami	cominciare a piovere
Io e la mia amica / giocare a carte	il postino / venire
Il cane / correre nel giardino	un ladro / prendere il portafoglio
Io / scalare la montagna	lo studente / telefonare
I fratelli / fare i pesi	la chiave / cadere

1. _____

2. _____

3. _____

4. _____

5. _____

6. _____

7. _____

I. I verbi nella seguente descrizione sono tutti nel presente. Cambiarli al passato, utilizzando o l'imperfetto o il passato prossimo. (**L'imperfetto e il passato prossimo**)

Maria Luisa *prende* _____ lezioni di violino e ogni giorno,

quando *torna* _____ dalla scuola, *deve* _____

fare gli esercizi di musica per tre ore mentre i suoi compagni di scuola

giocano _____ fuori. Un giorno Maria Luisa *suona*

_____ davanti ad una finestra aperta, quando

entra _____ un pallone dalla finestra. Il violino *cade*

_____ e la palla *rompe* _____ il violino in

mille pezzi. Un ragazzo *viene* _____ alla finestra e *dice*

_____ a Maria Luisa "Scusami tanto! Ho rovinato il tuo violino!"

Maria Luisa *risponde* _____ "Non ti preoccupare!

Mi *fai* _____ un grande favore!" E con questo la ragazza *prende*

_____ la palla, *esce* _____ e

gioca _____ con gli altri ragazzi per il resto del pomeriggio.

J. Scrivere le parole ed espressioni dalla lista che completano la descrizione di Cortina. (**Si dice così C**)

alberi	isola pedonale	paesaggio	passeggiare
rifugi	scalare	sentieri	vetrine

Nella città di Cortina una parte del centro è chiuso al traffico: è

un'_____. È bello _____ lì e guardare le

_____ dei negozi. Chi non è interessato ai negozi può andare fuori città

a vedere il bellissimo _____ delle Dolomiti. Ci sono molti piccoli

_____ dove si può camminare e stare in mezzo agli

_____ e i fiori. Chi è più atletico può _____

una delle numerose montagne della zona. Ci sono anche dei _____

dove proteggersi dai deluvi.

K. Scrivere domande e risposte come nel modello. (**Il futuro**)

Esempio   voi / lavare i piatti
—**Avete lavato i piatti?**
—**No, ma li laveremo domani.**

1. tu / andare alla pasticceria

_____

_____

2. Marco / fare i compiti

_____

_____

3. gli studenti / vedere il film

_____

_____

4. voi / pagare il conto

_____

_____

5. Grazia / scrivere la lettera

_____

_____

6. io / vincere la gara

_____

_____

L. Rispondere alle domande con frasi complete. (**Il futuro**)

1. Che cosa farai dopo di finire i compiti? E poi?

_____

_____

2. Praticherai qualche sport questo fine-settimana? Quale? Farai un po' di ginnastica?

_____

_____

3. Sabato prossimo uscirai con gli amici? Cosa farete?

_____

_____

4. Dove abiterai durante l'estate prossima? Dovrai lavorare?

_____

_____

5. Durante l'estate, avrai l'opportunità di parlare italiano? Con chi?

_____

_____

6. In quale anno finirai l'università? Che cosa farai dopo?

_____

_____

M. Quest'estate passerai una settimana in montagna e una settimana al mare. Indicare se vedrai i seguenti oggetti al mare o in montagna (o forse tutti e due). (**Si dice così D**)

> **Esempio**   la sedia a sdraio
> **La vedrò al mare.**

1. le onde _____

2. la sabbia _____

3. la funivia _____

4. un ombrellone _____

5. un bagnino _____

6. un rifugio _____

7. un campeggio _____

8. una valle _____

N. Descrivere quello che c'è nei due disegni, scrivendo almeno quattro frasi complete per ogni disegno. **(Si dice così D)**

_____   _____

_____   _____

_____   _____

_____   _____

_____   _____

_____   _____

O. Completare le frasi con un pronome tonico opportuno. **(I pronomi tonici)**

1. È vero che voi andate al mare? Posso venire con _____?

2. Parlavi a _____? Scusa, non ho sentito.

3. Paolo conosce bene il calcio e secondo _____ L'Inter perderà.

4. Tu vai sulle Dolomiti per una settimana? Beata _____!

5. Ciao, Angela e Bruno! Come vanno le cose da _____?

6. Ma Ornella, tu sai bene che quella ragazza non significa niente per _____.

   Io amo _____, non _____!

PRATICA COMUNICATIVA

A. Come rispondere? Scrivere la lettera della risposta a destra per ogni domanda a sinistra.

1. _____ Che barba gli scacchi! Ma dici sul serio... ti piace questo gioco?

2. _____ Che disastro questa partita. La nostra squadra fa pena. Andiamo?

3. _____ Ma nonna, veramente si faceva la pesca nelle acque di Venezia?

4. _____ Mi dispiace che il tempo non è bello per le tue vacanze. Che tempo fa ora?

5. _____ Paola, ho conosciuto un sacco di gente simpatica qui al mare!

6. _____ Secondo me, farà cattivo tempo. Dovremo cancellare la gita in montagna?

a. Beata te! Qui non c'è nessuno di interessante!

b. D'accordo. Non ne posso più!

c. Non si sa mai. Forse farà bello.

d. Sì, cara, ma erano altri tempi.

e. Sì, lo trovo affascinante.

f. Sta diluviando, tanto per cambiare.

B. Viva il ciclismo! Sei un giornalista per *La gazzetta sportiva* e hai dovuto intervistare una famosa ciclista. Ecco le domande che le hai fatto. Immaginare che cosa ha risposto la ciclista.

TU Quanti anni aveva quando ha imparato ad andare in bicicletta?

LA CICLISTA _____

_____

TU Chi Le ha insegnato?

LA CICLISTA _____

_____

TU Dove preferisce andare in bicicletta? In montagna o in pianura?

LA CICLISTA _____

_____

TU Quale stagione preferisce per le corse? Perché?

LA CICLISTA _____

_____

TU Qual è la Sua marca preferita di bicicletta?

LA CICLISTA _____

_____

TU È difficile per Lei, essere una donna in uno sport finora (*until now*) dominato dagli uomini?

LA CICLISTA _____

_____

TU   A che cosa pensa quando partecipa alle corse a lunga distanza?

LA CICLISTA _____

_____

TU   Quali sono i problemi per i ciclisti?

LA CICLISTA _____

_____

C. Il lontano passato. Descrivere com'era la tua vita nel liceo o high school. Che cosa facevi? Scrivere almeno due frasi per ogni categoria.

vita sociale _____

_____

passatempi _____

_____

amici _____

_____

sport _____

_____

classi _____

_____

D. Perché è lì! La rivista *Avventura* ha pubblicato recentemente un articolo su una escursione verso la cima del difficilissimo Monte Peperoni. Guardare le fotografie dell'escursione e poi descrivere i personaggi e quello che gli è successo.

1.

2.

3.

4.

_____
_____
_____
_____
_____

_____
_____
_____
_____
_____

E. Le prossime vacanze. Usando il futuro dove appropriato, descrivere la prossima vacanza che tu farai. Quando sarà? Che cosa farai? Dove andrai? Con chi?

_____
_____
_____
_____
_____
_____
_____
_____
_____
_____
_____
_____

Nome _____   Corso _____   Data _____

F.   I ragazzi della serie B.   L'articolo portato qui sotto dimostra la classifica più recente delle squadre della serie B del calcio. Ogni squadra ha giocato finora trentasei partite. Guardare attentamente l'articolo e poi rispondere alle domande. **P** = punti totali; **G** = incontri; **V** = vincite; **N** = pareggi; **P** = perdite; **RF** = gol.

Bologna e Reggiana sempre avanti

SQUADRA	P	G	V	N	P	RF	RS
VERONA	63	36	17	12	7	48	29
BOLOGNA	59	36	14	17	5	38	23
REGGIANA	58	36	15	13	8	40	29
PERUGIA	57	36	15	12	9	48	39
SALERNITANA	54	36	14	12	10	43	30
LUCCHESE	51	36	12	15	9	40	40
CESENA	49	36	13	10	13	49	46
PALERMO	49	36	11	16	9	33	33
GENOA	48	36	13	9	14	52	50
COSENZA	48	36	11	15	10	47	47
PESCARA	46	36	12	10	14	44	48
FOGGIA	45	36	12	9	15	29	45
CHIEVO	44	36	8	20	8	34	29
VENEZIA	44	36	10	14	12	29	35
AVELLINO	43	36	11	10	15	38	49
BRESCIA	42	36	11	9	16	45	47
F.ANDRIA	42	36	9	15	12	41	43
REGGINA	41	36	9	14	13	33	45
ANCONA	39	36	10	9	17	41	49
PISTOIESE	32	36	7	11	18	33	49

(Header spanning: **PARTITE** covers G, V, N, P; **RETI** covers RF, RS)

1. Qual è la squadra più forte della serie B? Quanti punti ha guadagnato finora?

   _____

2. Qual è la squadra meno forte della serie B? Quante partite ha vinto?

   _____

3. Quale squadra ha pareggiato più delle altre squadre? Quante volte?

   _____

4. Quale squadra ha segnato più gol di tutte le altre? In quale posizione è questa squadra?

   _____

5. Se le prime quattro squadre andranno in serie A, e le ultime (*last*) quattro squadre andranno in serie C, quali sono le squadre che andranno in serie A? E in serie C?

   _____

   _____

G. Il gioco della gondola. Scrivere verticalmente nello schema le parole definite. Se hai completato correttamente lo schema, leggerai nello spazio indicato il nome di un luogo famoso a Venezia.

1. La forma *lei* del verbo *sapere* nel futuro
2. Un famoso posto per sciare sulle Dolomiti; _____ d'Ampezzo
3. Un gioco con due re, due regine e ventotto altri pezzi
4. Un importante periodico sportivo: _____ *dello sport*
5. Il numero che significa *niente*
6. Una città veneta con la sigla PD
7. Il contrario di *sinistra*
8. Dove si può vedere una partita di calcio
9. Un periodo di dodici mesi
10. W Inter, M _____!
11. Lo sport più popolare in Italia
12. Il contrario di *vincere*
13. Aiuta a vedere le cose lontane
14. La forma *lui* del verbo *fare* nell'imperfetto

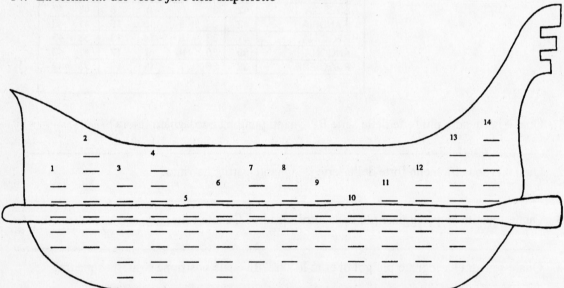

VOCABOLARIO E GRAMMATICA

A. Scrivere la parte del corpo che corrisponde ad ogni numero del disegno. Scrivere anche l'articolo determinativo. (**Si dice così A**)

1. _____   9. _____

2. _____   10. _____

3. _____   11. _____

4. _____   12. _____

5. _____   13. _____

6. _____   14. _____

7. _____   15. _____

8. _____

B. Scrivere una parola appropriata per ogni definizione. (**Si dice così A**)

1. Usare Colgate o Crest: _____

2. Usare un termometro: _____

3. Non stare bene: _____

4. La malattia più comune e inevitabile: _____

5. Il contrario di *vestirsi:* _____

6. Normalmente ci sono cinque in una mano: _____

7. Un'alta temperatura: _____

8. Mettere in ordine i capelli: _____

C. Creare frasi utilizzando le parole date e la forma corretta dei verbi riflessivi. (**I verbi riflessivi**)

> **Esempio**   i ragazzi / alzarsi / presto
> **I ragazzi si alzano presto.**

1. la nonna / non annoiarsi / mai _____
_____

2. gli studenti / lamentarsi / del cibo alla mensa _____
_____

3. noi / sedersi / vicino alla finestra _____
_____

4. Anna / truccarsi / mentre Pino / vestirsi _____
_____

5. come / chiamarsi / tu? _____
_____

6. tu e Mario / preoccuparsi / per niente! _____
_____

7. noi / non arrabbiarsi / facilmente _____
_____

8. tutti / divertirsi / nella classe d'italiano _____
_____

D. Riscrivere il brano nel passato prossimo. **(I verbi riflessivi)**

Alcuni amici invitano Anna e Pino a cena. Quando tornano dal lavoro, si preparano per uscire di nuovo. Anna si veste con cura: si mette un nuovo vestito, si pettina, si trucca e si guarda allo specchio—molto bene! Anche Pino si cambia, si fa la barba di nuovo e si lava i denti. Mentre escono, Anna si sente male e la coppia decide di stare a casa.

_____

_____

_____

_____

_____

_____

_____

E. Creare una serie di frasi reciproche come nel modello. **(I verbi reciproci)**

> **Esempio**   Io vedo te e tu vedi me:
> **noi ci vediamo.**

1. Io telefono spesso a Giorgio e Giorgio telefona spesso a me:

_____

2. Anna si è innamorata di Luigi e Luigi si è innamorato di Anna:

_____

3. I cani odiano i gatti e i gatti odiano i cani:

_____

4. Tu hai aiutato tua sorella e lei ha aiutato te:

_____

5. Io conosco Giulio da anni e lui conosce me da anni:

_____

6. Dove incontri Valeria? Dove ti incontra Valeria?:

_____

7. Giulietta ha sposato Romeo e Romeo ha sposato Giulietta:

_____

F. Descrivere i vestiti che le persone nel disegno indossano. Scrivere almeno tre frasi complete per ogni persona. (**Si dice così B**)

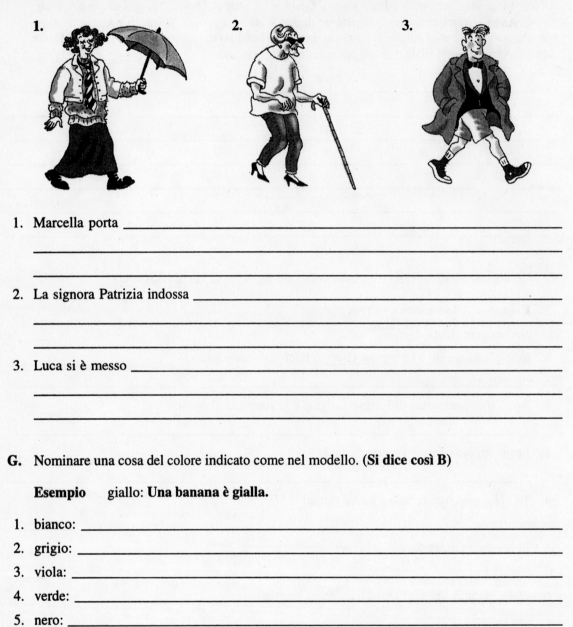

1. **1.**   **2.**   **3.**

1. Marcella porta _____

   _____

   _____

2. La signora Patrizia indossa _____

   _____

   _____

3. Luca si è messo _____

   _____

   _____

G. Nominare una cosa del colore indicato come nel modello. (**Si dice così B**)

Esempio   giallo: **Una banana è gialla.**

1. bianco: _____

2. grigio: _____

3. viola: _____

4. verde: _____

5. nero: _____

6. rosso: _____

7. azzurro: _____

H. Completare le frasi comparative con la forma corretta di una parola appropriata (**di, che, più, meno, tanto, come,** ecc.). (**Il comparativo**)

1. Compro più vestiti sportivi _____ vestiti eleganti.

2. Gli stilisti italiani sono così famosi _____ quelli francesi.

3. I tortellini mi piacciono più _____ spaghetti.

4. Il soggiorno è più grande _____ sala da pranzo.

5. In genere il vino rosso è _____ forte del vino bianco.

6. La mia casa è così grande _____ la tua.

7. Laura è _____ alta di suo marito.

8. Marina veste tanto elegante _____ Gabriella.

I. Scrivere frasi confrontando le due cose, come nel modello. (**Il comparativo**)

> **Esempio** due lingue
> **L'italiano è più elegante dello spagnolo. / Ci sono più verbi irregolari in inglese che in italiano.**

1. due persone che tu conosci

   _____

2. due materie all'università

   _____

3. due università

   _____

4. due programmi televisivi

   _____

5. due lingue

   _____

6. due città

   _____

7. due squadre sportive

   _____

8. due animali

   _____

J. Creare una serie di frasi superlative come nel modello. (**Il superlativo**)

Esempio Elena / bravo / la classe
Elena è bravissima: è la più brava della classe.

1. Paolo e Gino / intelligente / la scuola

   _____

   _____

2. questa chiesa / antico / la città

   _____

   _____

3. Fabio / veloce / la nostra squadra

   _____

   _____

4. quelle maglie / costoso / il negozio

   _____

   _____

5. Donatella / ben vestito / le mie amiche

   _____

   _____

6. questo negozio / buono / via Montenapoleone

   _____

   _____

K. Completare ogni frase con una parola appropriata. (**Si dice così C**)

1. La seta, il cotone e il lino sono tutti _____.

2. Una persona che vende vestiti in un negozio è un _____.

3. Un altro modo di dire *comprare vestiti* è _____.

4. Una cravatta con un solo colore è a _____.

5. Un oggetto elegante e costoso è _____.

6. Un'altra parola per *pelle* è _____.

7. I clienti del negozio si provano i vestiti nel _____.

8. Quando un oggetto in un negozio ha un prezzo ridotto (*reduced*), è in

   _____.

L. Completare il brano con la forma corretta del verbo nel condizionale. (**Il condizionale**)

Per me e i miei amici è sempre difficile decidere dove andare il fine-settimana.

Matteo (andare) _____ in discoteca ogni sera e

(ballare) _____ fino alla mattina. Io odio ballare, e

(preferire) _____ andare a teatro e vedere qualche pezzo

interessante. Dopo, noi (fermarsi) _____ ad un caffè dove

(discutere) _____ il significato del dramma per ore. Fabrizio

e Gina amano i ristoranti, e loro (mangiare) _____ sempre in qualche

osteria di moda dove noi (dovere) _____ pagare un occhio dalla testa

per un semplice antipasto. Costanza, invece, è molto casalinga e lei (stare)

_____ volentieri a casa e (giocare) _____

a carte o a scacchi. Alla fine, forse (essere) _____ meglio non uscire

insieme!

M. Scrivere otto frasi combinando elementi dalle tre colonne per esprimere quello che farebbero le persone indicate se avessero (*if they had*) il tempo. Mettere i verbi nel condizionale. (**Il condizionale**)

Io e le mie sorelle	fare	fare visita ai vecchi amici
La signora Magrini	andare	una montagna
Alberto e Mario	volere	più sport
Voi	leggere	lezioni di pianoforte
Io	potere	una vita più tranquilla
Barbara	prendere	in campagna
Tu	studiare	romanzi interessanti
Gli studenti	scalare	una lingua straniera
	avere	viaggiare di più

1. _____

2. _____

3. _____

4. _____

5. _____

6. _____

7. _____

8. _____

N. Completare il seguente dialogo con parole dalla lista. (**Si dice così D**)

a mano   dimagrire   gioielli
guanti   occhiali da sole   osé
seguire   slanciate   stilista

GIULIO   Gabriella, guarda questa pubblicità per la tua _____

preferita. Roba da matti! Guarda come sono _____ le

modelle.

GABRIELLA   Infatti, se voglio indossare questi abiti, dovrei _____

un po'. Ti piacciono questi modelli?

GIULIO   No, per me sono strani, troppo _____. Guarda per

esempio gli _____. Sono enormi. Come riesce a

vedere?

GABRIELLA   Sì, ma i _____ sono simpatici, specialmente questi

orecchini. Sembrano fatti _____.

GIULIO   Sì, ma è assurdo abbinare i _____ con un costume da

bagno.

GABRIELLA   Certo che per _____ la moda bisogna essere un po'

strani!

O. Scrivere i comandi che esprimono le seguenti persone. (**L'imperativo**)

1. Una madre dice ai suoi tre figli di

   a. pulire le loro camere: _____

   b. non fare rumore: _____

   c. essere buoni: _____

2. Un barbiere dice ad un cliente di

   a. venire con lui: _____

   b. sedersi nella poltrona: _____

   c. dirgli come vuole i capelli: _____

3. Una ragazza dice al fidanzato di

   a. non dimenticare il suo compleanno: _____

   b. comprarle un bel regalo: _____

   c. andare al negozio più elegante della città: _____

   _____

P. Sostituire pronomi per gli oggetti diretti e indiretti come nei modelli. **(L'imperativo)**

Esempi   Signora, mi dica il problema.   **Me lo dica!**
               Carlo, compra il giornale.   **Compralo!**

1. Roberto, mangia la tua insalata. _____

2. Luisa, mettiti le scarpe bianche. _____

3. Ragazzi, datemi del pane. _____

4. Dottore, vada all'ospedale subito. _____

5. Signorina, mi dia lo scontrino. _____

6. Giacomo, non andare a quella festa. _____

7. Flavia, da' la matita alla tua amica. _____

8. Studenti, non dimenticate i compiti. _____

PRATICA COMUNICATIVA

A. Alzati, Giacomino!   Le seguenti frasi descrivono una tipica mattinata nella vita di Giacomino. Metterle nell'ordine giusto.

_____ Esce dal portone del suo palazzo e vede che sta piovendo. Che barba!

_____ Esce dal suo appartamento e scende le scale.

_____ Giacomino si alza finalmente dal letto.

_____ Decide di tornare a casa: si riaddormenta subito.

_____ Il caffè è pronto! Giacomino lo beve mentre guarda il giornale.

_____ La sveglia (*alarm clock*) suona, ma Giacomino non si sveglia.

_____ Si toglie il pigiama e fa il bagno.

_____ Si veste rapidamente: si mette una maglietta e un vecchio paio di jeans.

_____ Va in cucina ancora in pigiama e comincia a preparare il caffè.

B. Una visita dal medico.   Sei un medico che visita due pazienti diversi: Silvana, una ragazza di dodici anni, e Ettore Zinnato, un signore di quarantacinque anni. Scrivere quello che tu gli dici.

MEDICO   Buongiorno, Silvana. _____

SILVANA   Sto abbastanza bene, dottore, e Lei?

MEDICO   _____

SILVANA   La mamma mi ha portato qui perché ho un raffreddore.

MEDICO   _____

SILVANA   Sì, e mi fa male anche la gola.

MEDICO	_____
SILVANA	Grazie, dottore, lo farò. ArrivederLa!

* * *

MEDICO	Buongiorno, signor Zinnato. _____
SIG. ZINNATO	Dottore, non mi sento bene da due mesi.
MEDICO	_____
SIG. ZINNATO	Ho mal di stomaco e mi sento molto stressato.
MEDICO	_____
SIG. ZINNATO	Mangio le cose normali: pasta, carne, pizza, lasagne, dolci, gelato...
MEDICO	_____
SIG. ZINNATO	Va bene, lo farò.
MEDICO	_____
SIG. ZINNATO	Sì, due pacchetti al giorno.
MEDICO	_____
SIG. ZINNATO	D'accordo, ma non è facile smettere (to quit) alla mia età.

C. Al mare in bikini.   Guardare l'articolo e poi rispondere alle domande con frasi complete.

1. Quale costume da bagno costa più degli altri? Quanto costa?

   _____

   _____

2. Qual è il meno costoso di tutti i costumi da bagno? Quanto costa?

   _____

   _____

3. Quanti bikini ci sono a righe? Quanti ce ne sono con i fiori?

   _____

4. Come sono i colori del bikini che si può comprare a Belfe e Belfe?

   _____

5. Quanti bikini hanno i fiocchi sui fianchi dello slip?

   _____

6. Quanto costa il bikini con i fiori e pesci in combinazione?

   _____

7. Dove si può comprare il costume da bagno con la fantasia bianca e blu?

   _____

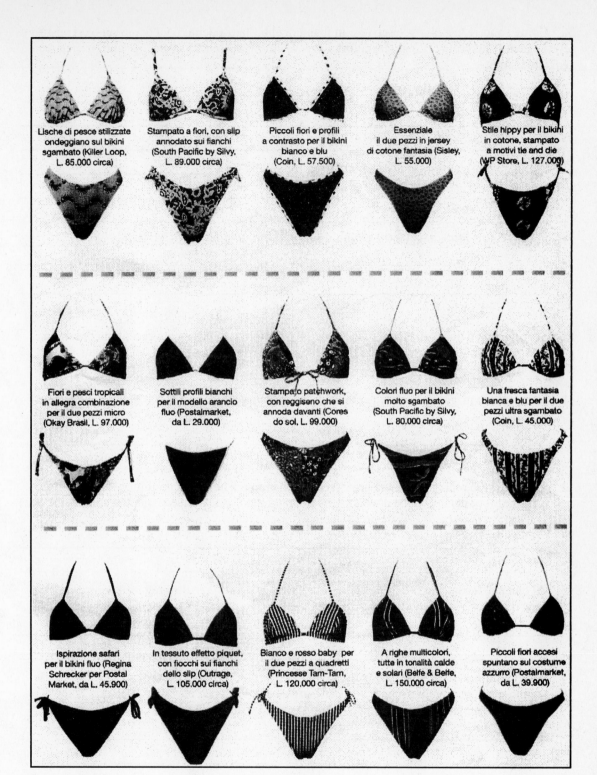

Lische di pesce stilizzate ondeggiano sul bikini sgambato (Killer Loop, L. 85.000 circa)

Stampato a fiori, con slip annodato sui fianchi (South Pacific by Silvy, L. 89.000 circa)

Piccoli fiori e profili a contrasto per il bikini bianco e blu (Coin, L. 57.500)

Essenziale il due pezzi in jersey di cotone fantasia (Sisley, L. 55.000)

Stile hippy per il bikini in cotone, stampato a motivi tie and die (WP Store, L. 127.000)

Fiori e pesci tropicali in allegra combinazione per il due pezzi micro (Okay Brasil, L. 97.000)

Sottili profili bianchi per il modello arancio fluo (Postalmarket, da L. 29.000)

Stampato patchwork, con reggiseno che si annoda davanti (Cores do sol, L. 99.000)

Colori fluo per il bikini molto sgambato (South Pacific by Silvy, L. 80.000 circa)

Una fresca fantasia bianca e blu per il due pezzi ultra sgambato (Coin, L. 45.000)

Ispirazione safari per il bikini fluo (Regina Schrecker per Postal Market, da L. 45.900)

In tessuto effetto piquet, con fiocchi sui fianchi dello slip (Outrage, L. 105.000 circa)

Bianco e rosso baby per il due pezzi a quadretti (Princesse Tam-Tam, L. 120.000 circa)

A righe multicolori, tutte in tonalità calde e solari (Belfe & Belfe, L. 150.000 circa)

Piccoli fiori accesi spuntano sul costume azzurro (Postalmarket, da L. 39.900)

D. Come sono vestito/a?   Descrivere in maniera abbastanza dettagliata come sei o eri vestito/a nelle seguenti situazioni. Parlare dei colori e tessuti dove possibile. Scrivere almeno tre frasi per ogni situazione.

1. in questo momento _____

_____

2. l'ultima volta che sei andato/a ad una festa fra amici _____

_____

_____

3. l'ultima volta che sei andato/a ad un matrimonio (o un'altra occasione formale) _____

_____

_____

E. Sei onesto/a o no?   Rispondere al seguente questionario, pubblicato recentemente su un giornale per indagare sull'onestà della gente di oggi. Scrivete almeno due frasi per ogni situazione.

1. In un grande magazzino, trovi per terra un portafoglio con dentro 500.000 lire. Che cosa faresti?

_____

_____

2. Quando il tuo professore/la tua professoressa di chimica ha calcolato il tuo voto, ha fatto un errore: invece della C–, che dovevi prendere, ti ha dato una A. Invece una tua compagna, che si meritava (*deserved*) l'A, ha preso la tua C–. Cosa faresti?

_____

_____

3. Al cinema, incontri la fidanzata del tuo migliore amico con un altro ragazzo. Che cosa faresti?

_____

_____

4. Tu ed un'amica siete in un negozio di abbigliamento. L'amica si sta provando vestiti che le stanno male: minigonne, magliette strette (*tight*) e colori poco eleganti. Ti chiede continuamente: mi sta bene? Come risponderesti? Le diresti la verità?

_____

_____

F. L'uno è più ... dell'altro. Fare un paragone tra due persone famose (della politica, dello sport, della televisione o cinema, per esempio): uno che trovi simpatico e l'altro che trovi proprio antipatico. Parlare di qualità fisiche e anche di personalità delle due persone. Perché preferisci l'uno all'altro?

_____

_____

_____

_____

_____

_____

_____

_____

G. Provare la vostra intelligenza! Giorgio, Gianna, Gino e Gilda sono quattro amici che sono andati al mare insieme. Ogni amico indossava pantaloni di un colore diverso da quello degli altri. Ogni amico portava scarpe da ginnastica di un colore differente dagli altri. Ogni amico portava un diverso accessore (una persona portava un cappellino da baseball) e una maglietta bianca con il nome del suo stilista preferito (una persona aveva una maglietta firmata da Valentino). Leggere le frasi numerate e cercare di determinare il colore dei pantaloni, il colore delle scarpe, l'accessore e lo stilista di ognuno dei quattro amici. Ci sono quattro colori possibili: giallo, verde, azzurro e rosso.

	Giorgio	Gianna	Gino	Gilda
pantaloni	_____	_____	_____	_____
scarpe	_____	_____	_____	_____
accessore	_____	_____	_____	_____
stilista	_____	_____	_____	_____

1. Nessuno degli amici indossava i pantaloni e le scarpe dello stesso colore.
2. L'uomo che indossava le scarpe gialle portava i pantaloni rossi.
3. Gianna non aveva un orecchino.
4. Una donna portava una grande cintura e i pantaloni gialli.
5. Gilda, che portava le scarpe azzurre, aveva una maglietta firmata di Hugo Boss.
6. Giorgio non indossava un indumento giallo.
7. Gianna, che portava scarpe verdi, era molto tradizionale: non sopportava Dolce e Gabbano.
8. Un uomo indossava i pantaloni verdi, gli occhiali da sole e una maglietta di Armani.
9. Gianna odiava il colore giallo: non lo metteva mai.

Nome _____ Corso _____ Data _____

VOCABOLARIO E GRAMMATICA

A. Indicare la risposta corretta. (**Si dice così A**)

1. Quando ti fanno male i denti, dove vai—dal medico o dal dentista?

2. Se ti senti male e hai mal di testa, da chi vai—dall'infermiere o dal medico?

3. Quando non funziona la doccia, chi chiami—l'idraulico o il falegname?

4. Chi lavora alla fattoria—il contadino o il dentista?

5. Chi lavora in fabbrica—l'artigiano o l'operaio?

6. Chi lavora in ufficio—la casalinga o il ragioniere?

7. Chi usa matite, carta e disegni nel suo lavoro—l'architetto o l'avvocato?

8. Chi usa la voce, le note e la musica nel suo lavoro—l'artigiano o il cantante?

B. Completare ogni frase con un espressione nell'infinito. (**Espressioni impersonali**)

Esempio   È necessario **lavarsi i denti tre volte al giorno.**

1. Per gli studenti è difficile _____

2. Per avere successo all'università, basta _____

3. Non è mai facile _____

4. Per avere molti amici, è necessario _____

5. Prima di scegliere una professione, bisogna _____

6. Per chi vuole essere onesto, è bene _____

7. Quando uno è giovane, è importante _____

8. È male _____

C. Completare le seguenti frasi con il congiuntivo del verbo dato. **(Il congiuntivo presente: verbi regolari)**

1. I miei genitori vogliono che io _____ (imparare) una lingua straniera.

2. Il professore vuole che noi _____ (studiare) bene la lezione.

3. Luisa dice che è meglio che voi _____ (chiamare) il dottore.

4. Mi sembra che tu non _____ (pensare) come me.

5. Ho paura che i bambini _____ (sporcare) tutta la casa.

6. Stefano vuole che io gli _____ (telefonare) tutti i giorni.

7. È ora che voi _____ (decidere) cosa fare dopo la maturità.

8. Anna vuole che noi _____ (leggere) quella lettera.

9. Bisogna che loro _____ (convincere) Andrea a venire con noi.

10. Credo che il signor Ferrero non _____ (capire) l'inglese.

D. Creare sette frasi usando elementi dalle tre colonne. Mettere il secondo verbo nel congiuntivo. **(Il congiuntivo presente: verbi regolari)**

    Esempio   **È possibile che io trovi un lavoro.**

Mi sembra che	tu ed Angelo	trovare un lavoro
È possibile che	io	laurearsi fra poco
La zia vuole che	Barbara	vestirsi elegante
Noi crediamo che	la professoressa	iscriversi in biologia
È un peccato che	io e Mario	mangiare più verdure
È importante che	Lei	aspettare due minuti
Loro desiderano che	Paolo e Gina	prendere la medicina
Tu pensi che	tu	capire il problema
	Raffaele	partire domenica

1. _____

2. _____

3. _____

4. _____

5. _____

6. _____

7. _____

E. Completare le domande in maniera logica, usando il congiuntivo presente. (**Il congiuntivo presente: verbi regolari**)

> **Esempio** —Dove abita Franco?
> —Mi sembra che **abiti a Roma.**

1. —A che ora apre il negozio? —Mi pare che _____

2. —Che cosa prepara la nonna? —Credo che _____

3. —Dove lavora Cristina? —Penso che _____

4. —Quanto costa questo CD? —Mi sembra che _____

5. —Che cosa studiano i ragazzi? —Credo che _____

6. —A che ora finisce questo programma? —Penso che _____

7. —Che cosa mangia Pietro? —Mi sembra che _____

8. —Che cosa preferiscono fare la sera gli studenti? —Credo che _____
_____

F. Completare il dialogo fra Paola e Giulio con parole appropriate. (**Si dice così B**)

PAOLA	Giulio, ho sentito che tu vai fino a Torino ogni giorno per lavorare.
GIULIO	È vero. Da un mese faccio il _____.
PAOLA	E come ci vai?
GIULIO	Dunque, mi alzo piuttosto presto, vado a _____ fino alla _____ dell'autobus. L'autobus passa ogni mezz'ora e ci mette un'ora e un quarto per arrivare a Torino.
PAOLA	Così tanto tempo! Ma perché non ti compri una macchina _____? Arriveresti prima.
GIULIO	Il problema è che non ho ancora preso la _____. E poi a Torino è quasi impossibile trovare dove _____ la macchina.
PAOLA	Io devo andare a Torino una volta la settimana. Se vuoi, ti posso dare un _____.
GIULIO	D'accordo! Grazie!
PAOLA	Figurati!

G. Scrivere una descrizione di quello che c'è nel disegno. Scrivere almeno sei frasi complete. **(Si dice così B)**

_____

_____

_____

_____

_____

_____

_____

_____

H. Completare le frasi con il congiuntivo presente del verbo dato. **(Il congiuntivo: verbi irregolari)**

1. Penso che le mie sorelle _____ (essere) a casa.

2. Non sono sicuro che tu _____ (avere) ragione.

3. Voglio che tu _____ (venire) con me alla festa.

4. È meglio che Roberto non _____ (uscire) perché sta piovendo.

5. Non credi che la metropolitana _____ (essere) più veloce?

6. Desidero che voi _____ (essere) più gentili.

7. Pensi che Claudia e Patrizia _____ (andare) ai giardini in bicicletta?

8. Non è possibile che tu _____ (fare) sempre lo stesso errore!

9. Sembra che voi non _____ (dovere) partire domani.

10. Ho l'impressione che loro non _____ (potere) lavorare in quell'ufficio.

I. Completare le frasi in maniera originale. (**Il congiuntivo presente: verbi irregolari**)

1. Mi piace che la mia università _____

2. È importante che io _____

3. Qualche volta mi dà fastidio che la mia famiglia _____

_____

4. Spero che i miei professori _____

5. Ho l'impressione che gli altri studenti della classe _____

_____

6. Non è possibile che io _____

7. Nelle prossime settimane, bisogna che io _____

_____

J. Abbinare ogni parola a sinistra con quella a destra che ha il significato contrario. (**Si dice così C**)

1. _____ l'impiegato   a.   lavorare

2. _____ i dirigenti   b.   il boom economico

3. _____ migliorare   c.   il libero professionista

4. _____ la crisi   d.   impiegato

5. _____ fare sciopero   e.   peggiorare

6. _____ disoccupato   f.   il sindacato

K. Sottolineare la forma corretta dei verbi fra parentesi. (**L'uso del congiuntivo**)

1. Non c'è nessuno che (potere / può / possa) capire il mio problema.

2. Spero di (diventare / divento / diventi) medico un giorno.

3. Davide si lava i denti prima di (andare / va / vada) a dormire.

4. È lo studente più pigro che io (avere / ho / abbia).

5. Sono molto contenta di (essere / sono / sia) qui.

6. Vedi quella signora che (aspettare / aspetta / aspetti) l'autobus?

7. Gianna arriva presto alla stazione perché non vuole che sua madre (perdere / perde / perda) il treno.

8. È possibile che la ditta mi (assumere / assume / assuma).

9. So che tu non (capire / capisci / capisca) l'inglese.

10. È importante (sapere / sa / sappia) la grammatica.

L. Completare la frase con congiunzioni italiane che corrispondono alle parole inglesi. (**L'uso del congiuntivo: congiunzioni**)

1. Usciamo stasera (*even though*) _____ piova.

2. Puoi lavorare in quest'ufficio (*as long as*) _____ tu sappia una lingua straniera.

3. Non trovi un lavoro (*unless*) _____ ti laurei bene.

4. Lui lavora (*so that*) _____ sua figlia possa frequentare l'università.

5. Noi andiamo al cinema (*provided that*) _____ venga anche tu.

6. Non dimenticare di pagare la multa (*before*) _____ scada il termine.

7. Lavoro giorno e notte (*in order that*) _____ possiamo andare in vacanza l'estate prossima.

8. Faccio domanda di lavoro (*provided that*) _____ ci sia possibilità di lavoro in quella ditta.

9. Cerco un lavoro (*although*) _____ sia molto difficile trovarne uno.

10. (*Even though*) _____ io sia molto stanca, lavoro dopo le mie lezioni.

M. Completare le frasi in maniera logica. (**L'uso del congiuntivo: le congiunzioni**)

1. Mi licenzierò a meno che _____

2. Facciamo sciopero affinché _____

3. La produzione è in calo sebbene _____

4. Prenderò un taxi nonostante _____

5. Chiedo un passaggio a Rocco benché _____

6. Lavoro durante il fine-settimana di modo che _____

7. Collaboro al nuovo progetto purché _____

N. Completare le seguenti frasi con un vocabolo opportuno. **(Si dice così D)**

1. Chi cerca lavoro deve guardare le _____ di lavoro sui giornali.

2. In Italia in agosto la gente non lavora perché ci sono _____.

3. Un giovane che lavora sodo e che è sempre pronto e preparato vuole

   _____.

4. Si fa un _____ quando si va a parlare con il direttore dell'azienda

   prima di essere impiegati.

5. Michele non ha fatto un buon lavoro e adesso lo vogliono _____.

6. Quando una ditta ha bisogno di più personale, _____ nuovi

   impiegati.

7. Un documento che dimostra le qualificazioni di un candidato per un posto di lavoro è un

   _____.

O. Sottolineare il pronome corretto per completare il brano. **(I pronomi relativi)**

Sai, ho comprato una nuova macchina. Mio cognato è un amico della persona da (quale/cui) l'ho

comprata. (Quale/Quello) che mi piace di questa macchina è che è molto sportiva, ma comoda

anche per le famiglie. L'uomo (che/cui) me l'ha venduta m'ha fatto un affare. Mi ha dato un buon

prezzo per la mia vecchia macchina, (che/ciò che) avevo da più di dodici anni. Mia moglie

piangeva perché quella vecchia era la macchina con (che/cui) abbiamo fatto il viaggio di nozze.

Ma sono sicuro che la nuova macchina, (che/cui) è veramente speciale, le piacerà di più alla fine.

P. Collegare le seguenti frasi con un pronome relativo, come nell'esempio. **(I pronomi relativi)**

Esempio   Ho perso *il libro*. Tu mi hai regalato *il libro*.
               Ho perso il libro che tu mi hai regalato.

1. Lo stadio è vicino a casa nostra. Noi giochiamo a calcio nello stadio.

   _____

2. L'amico si chiama Federico. Ho comprato un regalo per l'amico.

   _____

3. Quel signore è il nostro medico di famiglia. Tu hai incontrato ieri il signore.

   _____

4. Ho comprato l'auto tre mesi fa. L'auto consuma molta benzina.

   _____

5. Voglio presentarti i miei amici. Ti ho parlato ieri dei miei amici.

   _____

6. La signora sta leggendo un libro. Il libro sembra divertente.

   _____

7. Ieri sera ho visto un film. Tu mi hai raccomandato il film.

   _____

8. Ho conosciuto quella signora. I figli della signora frequentano la tua scuola.

   _____

PRATICA COMUNICATIVA

A. È vero? È vero!   Fare un cerchio intorno alla lettera che indica la risposta logica.

1. È vero che tua sorella è una vera secchiona?

   a. È vero! Mangia un sacco di dolci!

   b. È vero! Sta sempre a casa a studiare!

   c. È vero! Non vuole mai spendere.

2. È vero che tu hai una cotta per Valentina?

   a. È vero! La trovo affascinante!

   b. È vero! Non la sopporto proprio!

   c. È vero! Questi fagioli sono cotti.

3. È vero che devi scappare proprio adesso?

   a. È vero! Devo andare via subito.

   b. È vero! Devo realizzarmi.

   c. È vero! Dobbiamo essere orgogliosi.

4. È vero che il colloquio di lavoro è andato bene?

   a. È vero! In bocca al lupo!

   b. È vero! Facciamo sciopero da domani.

   c. È vero! Devi congratularti con me!

5. È vero che hai preso la patente?

   a. È vero! Non so guidare.

   b. È vero! Adesso posso guardare.

   c. È vero! Ora possiamo girare in macchina.

B. Dall'ufficio collocamento.   Sei andato/a ad un ufficio collocamento (*employment agency*) per trovare un lavoro per l'estate. La segretaria ti dà questo modulo (*form*) da compilare.

Nome: _____

Indirizzo: _____

Telefono: _____ **Età:** _____

Esperienza di lavoro

Nome della ditta	Date	Responsibilità	Perché ha lasciato
1. _____	dal ____ al ____	_____	_____
		_____	_____
2. _____	dal ____ al ____	_____	_____
		_____	_____
3. _____	dal ____ al ____	_____	_____
		_____	_____

Che tipo di lavoro cerca? _____

Quando può cominciare a lavorare? _____

C. Il colloquio di lavoro.   Quando hai finito di compilare il modulo qui sopra, la segretaria ti porta in un altro ufficio per un colloquio con il direttore. Scrivere come rispondi alle sue domande.

DIRETTORE   Buongiorno, signore/signorina. Cosa posso fare per Lei?

TU   _____

DIRETTORE   Che tipo di lavoro Le piacerebbe trovare?

TU   _____

DIRETTORE   Mi dica quali sono, secondo Lei, i suoi punti forti e quali considera invece i suoi punti deboli.

TU   _____

_____

DIRETTORE   Dove s'immagina fra dieci anni?

TU   _____

DIRETTORE   Che cosa è più importante per Lei: guadagnare molto o avere soddisfazione nel lavoro? Perché?

TU   _____

DIRETTORE   Abbiamo vari posti aperti in un albergo. Le piace pulire i w.c.?

TU   _____

D.   Il lavoro dei miei sogni.   Finalmente l'hai trovato: il lavoro dei tuoi sogni! Descriverlo in un breve paragrafo. Parlare del lavoro che fai, dov'è situato, quanto ti pagano, l'orario che devi seguire, chi sono i tuoi colleghi e in che cosa consiste un tipico giorno sul posto di lavoro. Scrivere almeno otto frasi.

_____

_____

_____

_____

_____

_____

_____

_____

E.   A quattro ruote.   Guardare bene l'articolo sul nuovo modello di macchina, e poi rispondere alle domande con frasi complete.

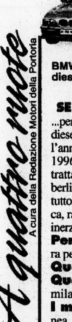

A cura della Redazione Motori della Portoria

BMW. La 525 tds diesel (a sinistra) e la 520i benzina.

SE VI POTETE PERMETTERE UNA BMW...

...per esempio una nuovissima 520i benzina o una 525 tds diesel, prenotatela subito. L'avrete, se tutto va bene, entro l'anno. La fabbrica tedesca ne ha assegnate all'Italia per il 1996 solo 12 mila e la domanda è alta. D'altra parte si tratta di una macchina bellissima che, pur essendo una berlina, ha una linea da coupé. L'interno è lussuoso e c'è tutto: cruscotto in radica, climatizzatore, chiave elettronica, radio, check control, computer, monitor, DSP, cinture inerziali, air bag, volante multifunzionale.

Per chi? Beh, anche se piace ai giovani, è una vettura per manager e famiglie di reddito elevato.

Quale utilizzo? Per i lunghi viaggi è l'ideale.

Quanto costa? La 520i benzina 64 milioni 500 mila lire; la versione diesel 65 milioni 800 mila lire.

I motori: per il benzina in alluminio, 6 cilindri in linea, 4 valvole per cilindro, 2000 cc, 150 CV a 5900 giri, coppia massima 190 Nm a 4200 giri, velocità massima 220 km/h. Per il diesel 2.5 litri con intercooler, 6 cilindri in linea con due valvole per cilindro, 143 CV a 4600 giri, coppia massima da 260 a 280 Nm a 2200 giri. Velocità massima 211 km/h, 70 litri di carburante per un'autonomia di 1000 chilometri.

1. Come si chiamano i due nuovi modelli?

   _____

2. Se tu puoi permetterti (*afford*) questa nuova macchina, cosa devi fare subito? Quando avrai la macchina?

   _____

3. Dove la fabbricano? Quante ne arriveranno in Italia?

   _____

4. Quali sono alcune caratteristiche di questo nuovo modello?

   _____

5. A chi piace?

   _____

6. Quanto costa? Qual è l'equivalente in dollari americani?

   _____

   _____

7. Qual è la velocità massima del modello benzina?

   _____

8. Ti interessa questa macchina? Perché?

   _____

F.   La migliore professione.   Quale professione credi che sia la migliore? Scegliere la professione che ti interessa di più, poi descrivere quello che fanno queste persone e perché ti interessa tanto questo tipo di lavoro. Cercare di usare il congiuntivo il più possibile con espressioni come **Mi pare che...**, **Spero che...** e **Credo che...** ecc.

_____

_____

_____

_____

_____

G. Il gioco dell'eliminazione. Eliminare le parole della scheda che corrispondono alle seguenti categorie. Le parole restanti ti daranno un proverbio italiano. Eliminare:

- tutte le professioni
- tutti i mezzi di trasporto
- tutti i colori
- tutti i vestiti
- tutte le cose che fanno i manager delle aziende

ingegnere	motorino	chi	bianco	infermiere	è
camicia	amico	viola	impiegare	di	scuolabus
tutti	traghetto	mutande	non	avvocato	calzini
azzurro	è	licenziare	pantaloni	amico	metro
di	ragioniere	ambulanza	assumere	nessuno	verde

Proverbio: _____

UNITÀ
9

VOCABOLARIO E GRAMMATICA

A. Completare le frasi con le parole appropriate. **(Si dice così A)**

1. L'anno scorso abbiamo trascorso sette giorni in montagna per sciare; è stata una bellissima

   _____.

2. Prima di partire per le vacanze, bisogna mettere tutto il necessario nei bagagli, cioè fare

   _____.

3. I giorni speciali in cui nessuno lavora sono le _____. Invece quelli

   in cui la maggior parte della gente lavora o frequenta la scuola sono i giorni

   _____.

4. Il giorno in cui la vecchia Befana arriva e porta regali ai bambini buoni si chiama

   l'_____.

5. Per molte feste nazionali si accendono i _____ dopo il tramonto

   del sole.

6. Una festa in un piccolo paese per onorare un prodotto locale è una

   _____.

B. Scrivere il giorno festivo che associ con le seguenti cose. **(Si dice così A)**

1. uova di cioccolato, primavera, il coniglietto: _____

2. costumi, Venezia, febbraio, Quaresima: _____

3. fuochi d'artificio, feste, freddo, San Silvestro: _____

4. tacchino, grande pranzo con la famiglia, autunno: _____

5. Babbo Natale, l'albero, la stella, regali: _____

6. Italia, caldo, estate, città deserte: _____

C. Mettere un verbo al passato prossimo e l'altro al trapassato prossimo secondo il senso della frase. **(Il trapassato prossimo)**

> **Esempio**   Io già (fare) **avevo fatto** il bagno in mare quando tu (arrivare) **sei arrivata** in spiaggia.

1. Dopo che Valeria (andare) _____ via, io (cominciare)

   _____ a lavorare.

2. Dopo che le ragazze (salutare) _____ tutti, loro (uscire)

   _____ .

3. Lei già (scrivere) _____ la lettera quando voi la (incontrare)

   _____ in tabaccheria.

4. Noi (arrivare) _____ quando voi appena (andare)

   _____ via.

5. Il film appena (incominciare) _____ quando lui (comprare)

   _____ i biglietti.

6. Quando noi (decidere) _____ di andare al mare, tu già (partire)

   _____ per le ferie.

D. Scrivere quello che hai fatto l'anno scorso e che non l'avevi mai fatto prima, come nel modello. **(Il trapassato prossimo)**

> **Esempio**   vedere un film italiano
> **L'anno scorso ho visto un film italiano; non avevo mai visto un film italiano prima.**

1. andare all'estero _____

   _____

2. vivere alla casa dello studente _____

   _____

3. prendere un traghetto _____

   _____

4. svegliarsi dopo mezzogiorno _____

   _____

5. essere a New York _____

   _____

6. fare un campeggio _____

   _____

E. Descrivere quello che vedi nel disegno e quello che fanno le persone. Scrivere almeno cinque frasi. (**Si dice così B**)

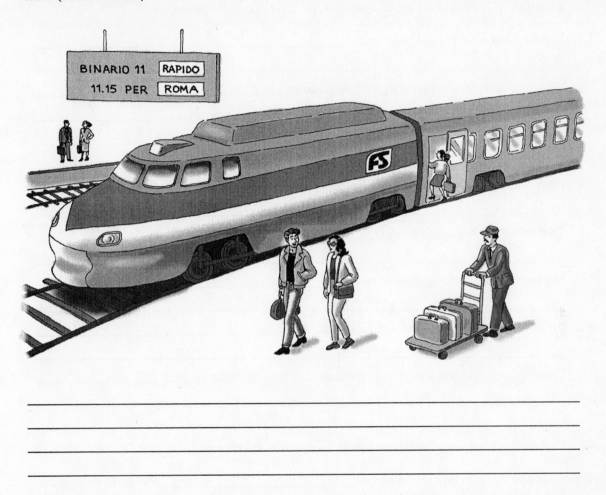

_____

_____

_____

_____

_____

F. Completare le seguenti frasi con il verbo dato al congiuntivo imperfetto. (**Il congiuntivo imperfetto**)

1. Era normale che il treno (arrivare) _____ puntuale.

2. Dubitavamo che Paolo (prendere) _____ l'aereo.

3. Credevi che noi (partire) _____ oggi?

4. Pensavamo che il treno (essere) _____ in ritardo.

5. Non pensavo che loro (avere) _____ bisogno di me.

6. Era bene che Piero (accompagnare) _____ sua madre alla stazione.

7. Era importante che voi (dormire) _____ durante il viaggio.

8. Era ora che loro (fare) _____ le valigie.

9. Non sapevi che io non (potere) _____ venire con te?

10. Era necessario che noi (sbrigarsi) _____ per arrivare in tempo.

G. Riscrivere la frase seguendo il modello. **(Il congiuntivo imperfetto)**

Esempio   Il viaggio era lungo. Pensavo **che il viaggio fosse lungo.**

1. Il treno partiva alle 11.00. Credevamo _____

_____

2. I miei amici andavano in Sardegna. Ero contenta _____

_____

3. Angela aspettava il treno al binario. Era possibile _____

_____

4. I turisti erano contenti del viaggio. Sembrava _____

_____

5. Tu dicevi tante bugie. Mi pareva _____

_____

6. Voi arrivavate a mezzogiorno. Pensavamo _____

_____

7. I ragazzi spedivano cartoline agli amici. Era bene _____

_____

8. I nostri amici vengono a passare il weekend con noi. Eravamo contenti _____

_____

H. Completare il seguente brano con parole appropriate. **(Si dice così C)**

Quest'anno andiamo in Francia; la nostra _____ è Parigi. In un'agenzia

di viaggio specializzata in viaggi economici per gli studenti, posso trovare

_____ per i biglietti aerei. Prima di programmare un viaggio, posso

prendere un _____ in un'agenzia di viaggio per vedere le foto e la

descrizione del posto. Ci informiamo all'albergo per la _____ delle

camere—speriamo che abbiano una camera per noi! Se abbiamo bisogno di una macchina mentre

viaggiamo, prendiamo un'_____. Nella tariffa dell'albergo che

abbiamo scelto, sono comprese la colazione e la cena: cioè è con _____.

Ci andiamo ad ottobre quando tutto costa di meno; è la _____ stagione.

I. Descrivere quello che vedi nel disegno. Scrivere almeno sei frasi nella tua descrizione. (**Si dice così C**)

_____

_____

_____

_____

_____

_____

J. Completare le seguenti frasi con il congiuntivo passato del verbo indicato. (**Il congiuntivo passato**)

    Esempio   Mi pare che non **sia tornata** ancora dalle vacanze.

1. Penso che Giuseppe (andare) _____ in Francia l'anno scorso.

2. È bene che tu (prenotare) _____ i biglietti aerei.

3. Sembra che i signori Simonetti (partire) _____ per le vacanze.

4. Mi dispiace che la vacanza (finire) _____ così presto.

5. È importante che voi (comprare) _____ i biglietti.

6. Spero che tu non (vedere) _____ questo film.

7. Dubitate che noi (conoscere) _____ Sophia Loren? Perché non ci credete?

8. Peccato che io non (prendere) _____ l'ombrello.

K. Riscrivere le frasi usando espressioni che richiedono il congiuntivo, come nel modello. (**Il congiuntivo passato**)

    Esempio   Hai trovato dieci dollari.
                Sono veramente contenta / È impossibile... / Meno male... che tu abbia trovato dieci dollari.

1. Non mi avete invitato alla festa.

    _____

2. I genitori mi hanno portato un regalo dall'Italia.

    _____

3. Daniele è partito senza telefonarmi.

    _____

4. Tu non hai risposto alla mia lettera.

    _____

5. Tu e Simona vi siete divertiti molto ieri.

    _____

6. I miei fratelli hanno dimenticato il mio compleanno.

    _____

L. Reagire alle seguenti frasi, scrivendo che non lo pensavi così. **(Il congiuntivo trapassato)**

Esempio   Andy Warhol ha dipinto la *Mona Lisa*.
Oh! Ma io pensavo che Leonardo da Vinci l'avesse dipinto!

1. Topo Gigio ha creato la statua di Davide.

_____

2. Leo Buscaglia ha scritto *La Divina Commedia*.

_____

3. Gli svedesi hanno inventato la pizza.

_____

4. Fabio ha scoperto l'America.

_____

5. Annette Funicello ha scritto *Le quattro stagioni*.

_____

6. Gli antichi egiziani (*Egyptians*) hanno costruito il Colosseo.

_____

M. Scrivere una parola appropriata per ogni definizione. **(Si dice così D)**

1. Quello che fa l'aeroplano quando sale in aria: _____

2. Quello che i passeggeri devono fare con le cinture di sicurezza:

    _____

3. Quando un aereo atterra in una città prima di arrivare alla destinazione finale:

    _____

4. Dove si fa il controllo del bagaglio quando si arriva all'estero:

    _____

5. Quello che i passeggeri devono fare con i loro passaporti alla dogana:

    _____

6. La persona che serve da mangiare e da bere sull'aereo: _____

7. Un volo che non fa scalo in nessun posto: _____

N. Sottolineare la forma corretta nel seguente brano. **(I negativi)**

Beata te, Mirella; tu non ti sei (mai/niente) innamorata. Non hai (neppure/nessun) uomo che ti dia fastidio. Non devi ascoltare (affatto/nessuno) che ti racconti le bugie. Non ricevi cioccolatini che ti fanno ingrassare (né/sia) fiori che ti fanno starnutire (*sneeze*). Non c'è (ancora/nessuno) che ti chiami continuamente per parlare senza fine. Non sei (neanche/nulla) carina, che è un vero vantaggio. Tu sei veramente fortunata!

O. Scrivere il contrario delle frasi con espressioni negative. **(I negativi)**

> **Esempio**   Qualcuno mi ha aiutato con i compiti.
> **Nessuno mi ha aiutato con i compiti.**

1. C'è qualcosa dentro la valigia. _____

2. Molte persone mi hanno incontrato all'aeroporto. _____
_____

3. I miei vivono ancora in periferia. _____

4. Parlo sempre con gli altri passeggeri. _____

5. Ho già prenotato il volo. _____

6. L'albergo ha la piscina e anche un campo da tennis. _____
_____

7. Siamo andati al mare dieci volte quest'estate. _____
_____

8. Pernottate spesso negli alberghi di lusso. _____
_____

PRATICA COMUNICATIVA

A. Treni, traghetti e aerei.   Ecco le battute di tre brevi conversazioni, quattro frasi ognuna. La prima conversazione ha luogo su un treno, la seconda su un traghetto e la terza su un aereo. Separare le battute e poi riscriverle nell'ordine appropriato.

Bene. Ecco la sua carta d'imbarco. Buon viaggio!
Buongiorno, signora. Vorrei fare il check-in per il volo numero 335.
C'è posto in questo scompartimento?
È di seconda classe.
Fra due ore.
Ha la prenotazione per il volo?
Quando arriviamo al porto?
Quanto mi piace viaggiare per mare!
Scusi, signorina. Questa carrozza è di prima o seconda classe?
Sì, ecco il mio biglietto.
Infatti! È bellissimo vedere le onde, il sole...
Sì, il posto vicino al finestrino è libero.

1. Sul treno

   — _____
   — _____
   — _____
   — _____

2. Sul traghetto

   — _____
   — _____
   — _____
   — _____

3. In aereo

   — _____
   — _____
   — _____
   — _____

B. All'agenzia di viaggio.   Tu ed un amico avete bisogno di aiuto per progettare una vacanza speciale in Sardegna. Andate ad un'agenzia di viaggio per informazioni e forse per prenotare un viaggio. Scrivere quello che voi rispondete all'agente.

AGENTE	Buongiorno, signori. Ditemi pure.
VOI	_____
AGENTE	E dove volete andare?
VOI	_____
AGENTE	Come preferite viaggiare: in aereo? In traghetto?
VOI	_____
AGENTE	E sull'isola, che tipo di albergo preferite?
VOI	_____
AGENTE	Vi serve un'auto a noleggio?
VOI	_____
AGENTE	Volete prenotare adesso?
VOI	_____
AGENTE	Bene, credo di potervi aiutare a progettare una vacanza indimenticabile, signori! Ecco alcuni dépliant per dei villaggi turistici superattrezzati...

C. Mania di villeggiatura. Ecco una pagina presa da una guida alla vacanza in villaggio. Mostra tre possibilità di scelta in Sardegna. Guardare le descrizioni dei tre villaggi. Sceglierne uno e poi rispondere alle domande con frasi complete.

ARBATAX
VentaClub Telis
Camere in cottage, ville, bungalow e villini. Alcune sono dotate di aria condizionata e frigobar.

■ **Sport:** aerobica, stretching, body building, jogging, ginnastica acquatica, freccette, pallanuoto, pallavolo e ping pong. Corsi collettivi di tennis, tiro con l'arco, golf, nuoto, vela e canoa. A pagamento: golf, equitazione, sci nautico, immersioni. **Per i bambini:** da 3 a 5 anni baby sitter, Mini Club (6-12 anni), Junior Club (13-16 anni) fino a tarda sera. Baby piscina.
■ *Il villaggio è inserito in un grande parco, con due spiagge di sabbia e scogli. Sauna, area per sport acquatici, pista da ballo scoperta, discoteca, beauty center. Animazione diurna e serale, balletti, cabaret, musica con chitarra. Adatto per famiglie, giovani, sportivi.*
■ **Prezzi:** da 490 mila a un milione 850 mila lire a persona, per una settimana con formula all inclusive.
■ I Viaggi del Ventaglio

PLATAMONA
Villaggio dei Pini *
200 camere, alcune con aria condizionata.

■ **Sport:** piscina, tennis, crazy golf, bocce, corsi di nuoto e aerobica, windsurf, vela, tiro con l'arco. A pagamento: sci nautico e noleggio gommoni. **Per i bambini:** Mini Club (3-11 anni) e Junior Club (12-17 anni) aperti dalle 9.30 alle 18.30, escluso ore pasti. Baby piscina e parco giochi.
■ *Immerso nel verde di un'ampia pineta che giunge fino al mare, il villaggio confina con una lunga spiaggia sabbiosa. Animazione, pianobar e discoteca. Adatto per famiglie e sportivi.*
■ **Prezzi:** da 70 mila a 195 mila lire a testa al giorno, in camera doppia e con pensione completa.
■ Alpitour, Teorema, Eden Viaggi, Eurotravel, Gran Tour

VILLASIMIUS
Tanka Village *
497 camere con aria condizionata e ventilatore.

■ **Sport:** piscina, tennis, calcio, pallavolo, basket, tiro con l'arco, bocce, windsurf, vela, pattinaggio, palestra. A pagamento: equitazione, sci nautico, sub center, biciclette, barche e pedalò. **Per i bambini:** Baby Club (4 mesi-3 anni), Mini Club (4-12 anni). Baby ristorante (con assistenza dei genitori fino a 2 anni), locale con sterilizzatori, scaldabiberon, mixer e noleggio passeggini, baby piscina, parco giochi, minigolf.
■ *Vasto complesso che si affaccia su una lunga spiaggia di sabbia. Si può scegliere anche la formula residence. Animazione diurna e serale con tornei sportivi, giochi di gruppo, spettacoli, musica dal vivo, cinema e discoteca. Un paradiso per i più piccoli.*
■ **Prezzi:** da 96 mila a 240 mila lire a testa al giorno, in camera doppia con pensione completa.
■ Alpitour, Pianeta Terra, Eden Viaggi, Eurotravel, Gran Tour

1. Come si chiama il villaggio che hai scelto? Dov'è situato?

_____

_____

_____

2. Come sono le abitazioni? Camere? Appartamenti? Bungalow? Villette? Quante ce ne sono?

_____

_____

_____

3. Quali sono alcuni sport o attività che gli ospiti possono praticare?

_____

_____

_____

4. Quali sono alcune altre caratteristiche del villaggio?

_____

_____

_____

5. Per chi è adatto il villaggio? Giovani? Coppie? Famiglie con bambini?

_____

_____

_____

6. Quanto costa?

_____

_____

_____

7. Perché preferisci questo villaggio particolare?

_____

_____

_____

D. Le vacanze in villaggio. Hai passato una settimana al villaggio che hai scelto nell'attività C. Adesso scrivere una breve lettera ad un amico/un'amica per raccontare le vacanze. Parlare del posto, se ti è piaciuto, se ti sei divertito/a, con chi sei andato/a in vacanza, che cosa hai fatto al villaggio e com'era il tempo. Scrivere almeno otto frasi.

_____

_____

_____

_____

_____

_____

_____

_____

E. Natale con i tuoi... Scrivere quello che hai fatto per festeggiare le seguenti feste. Scrivere almeno due frasi per ogni festa.

1. La vacanza d'inverno _____

_____

2. Capodanno _____

_____

3. La Festa del Lavoro _____

_____

4. L'intervallo primaverile (*spring break*) _____

_____

5. Il quattro luglio _____

_____

F. Il giro della Sardegna.   Ecco una cartina molto schematica della Sardegna. Seguire le indicazioni date per fare un giro piacevole dell'isola.

1. Prendi il traghetto da Genova al porto di Golfo Aranci.

2. Vai due spazi al nord.

3. Noleggi una macchina. Vai due spazi alla sinistra.

4. Vai all'aeroporto più vicino.

5. Prendi il volo al capoluogo della Sardegna.

6. Vai alla stazione del treno più vicino.

7. Prendi il treno fino all'altra stazione della cartina.

8. Fai l'autostop verso il sud fino a trovare un villagio turistico.

9. Dopo quattro giorni piacevoli al villaggio, prendi l'autobus e vai due spazi al nord.

Dove sei? _____

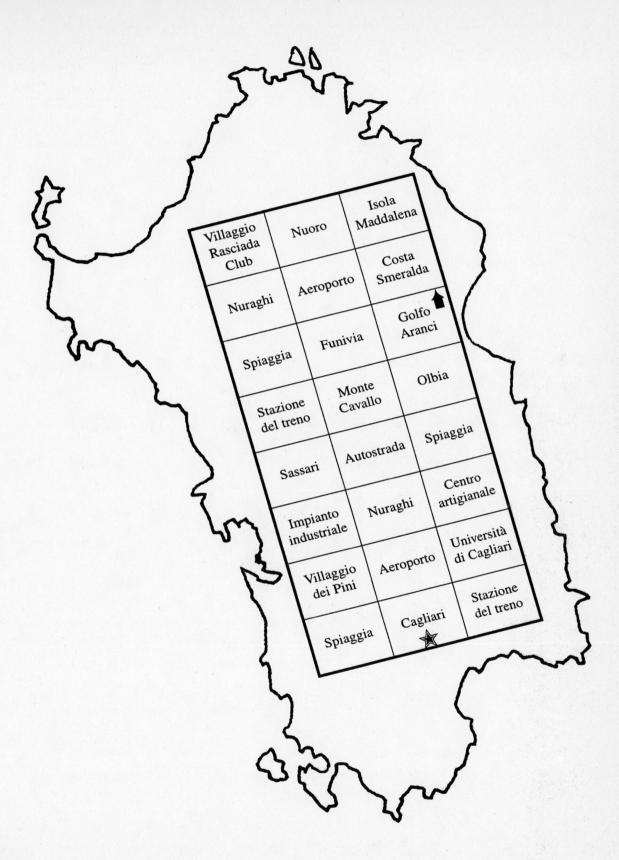

Nome _____ _____ Corso _____ Data _____

VOCABOLARIO E GRAMMATICA

A. Descrivere quello che c'è nel disegno. Chi sono le persone? Che cosa fanno? Dove sono? Descrivere anche il locale. Scrivere almeno sei frasi. **(Si dice così A)**

_____

_____

_____

_____

_____

_____

_____

_____

B. Completare il seguente brano con parole appropriate. (**Si dice così A**)

Una nostra amica è la _____ di un piccolo gruppo teatrale non

professionale. Lei ci ha invitato al _____ del loro pezzo più recente—

una commedia di Goldoni. La nostra amica sperava che fosse un _____,

e alla fine dello spettacolo il pubblico ha _____ cortesemente. Il giorno

dopo, però, abbiamo letto sul giornale locale una _____ molto negativa,

scritta da un _____ veramente antipatico.

"Gli attori non sanno _____," ha scritto. "Questa commedia è una vera

_____!"

C. Completare le seguenti frasi con il condizionale presente del verbo dato. (**Il periodo ipotetico**)

1. Se tu fossi un regista, dove (girare) _____ tu un film?

2. Cosa (fare) _____ io se non avessi te?

3. Gli attori (recitare) _____ meglio se il regista fosse più serio.

4. Marcello (venire) _____ al cinema con noi se arrivasse in tempo.

5. Se non fossimo così stanchi, ci (piacere) _____ vedere quel film
   alla TV.

6. Lui (essere) _____ felice se potesse aiutarla.

7. Se voi foste bravi, voi (avere) _____ il permesso di uscire.

8. Il professore (scrivere) _____ alla lavagna se avesse un pezzo di
   gesso.

9. Se aprissero il sipario, lo spettacolo (cominciare) _____.

10. Io (partire) _____ subito se potessi.

D. Riscrivere ogni frase usando le forme nel modello. (**Il periodo ipotetico**)

   Esempio   Se devo studiare, vado in biblioteca.
   Se dovessi studiare, andrei in biblioteca.

1. Se noi conosciamo un avvocato, ci può aiutare.

   _____

2. Se fa bel tempo, facciamo una gita in montagna.

   _____

3. Se voi non avete fretta, vi invitiamo a pranzo.

   _____

4. Se tu dici la verità, non avrai problemi.

_____

5. Se danno un bel film, andiamo al cinema.

_____

6. Se hai un altro biglietto per il teatro, vengo con te.

_____

7. Se lo spettacolo non è buono, il pubblico lo fischia.

_____

8. Se ti piacciono i film di Visconti, ti suggerisco di andare al cinema Ariston.

_____

E.   Completare le frasi seguenti in maniera logica. (**Il periodo ipotetico**)

1. Se io avessi più tempo _____

2. Se non trovo un lavoro per l'estate _____

3. Se non capisco una cosa nella lezione d'italiano _____

4. Se io potessi cambiare università _____

5. Se io sapessi parlare perfettamente l'italiano _____

6. Se domani fosse l'inizio delle vacanze estive _____

F.   Scrivere una parola che corrisponde ad ogni definizione. (**Si dice così B**)

1. Suona uno strumento in un'orchestra: _____

2. Lo strumento che stabilisce il ritmo di un complesso musicale:

_____

3. È il piccolo del violincello: _____

4. Una persona che scrive musica: _____

5. Il suo strumento è la voce: _____

6. Dove i giovani studiano a suonare, a cantare e a comporre: _____

7. Andare a sentire un concerto: _____

G. Le persone nella prima colonna vorrebbero che tutti facessero certe cose. Scrivere frasi logiche seguendo il modello per il tempo dei verbi. **(Il congiuntivo e il condizionale)**

Esempio **Il dentista vorrebbe che tutti si lavassero bene i denti.**

La commessa		non avere la macchina
Il regista		sapere nuotare
Il Papa	volere	prendere cinque gelati al giorno
Il bagnino	desidera	essere onesti
Il gelataio	preferire	applaudire alla fine della commedia
L'insegnante		andare in chiesa ogni domenica
Il taxista		studiare sempre
Il poliziotto		spendere molto nei negozi eleganti

1. _____

2. _____

3. _____

4. _____

5. _____

6. _____

7. _____

8. _____

H. Rispondere con frasi complete alle seguenti domande usando il congiuntivo e il condizionale. **(Il congiuntivo e il condizionale)**

1. Che cosa vorresti che facesse l'amministrazione della vostra università? _____

   _____

2. Quale preferiresti: che i professori ti dessero più compiti e meno esami, o meno compiti e più

   esami? _____

   _____

3. Ti piacerebbe se non ci fossero i voti? Studieresti di più? _____

   _____

4. Che cosa faresti se tu vedessi un altro studente che copiava durante un esame importante?

   _____

   _____

5. Che cosa avresti fatto se la tua università non ti avesse accettato? _____

   _____

6. Avresti voluto frequentare un'altra università? Quale? _____

   _____

I.   Completare il dialogo con parole appropriate. (**Si dice così C**)

—Scusami, Adelina. Non sento niente. Puoi _____ il volume, per

piacere?

—Ma papà, questo è la mia _____ preferita. Non ti piace?

—Sai bene, Adelina, che io non sopporto la musica _____ : preferisco

quella classica.

—Ma se ascolti un po'... La melodia è molto dolce e il _____ è pieno di

idee interessanti. Sembra una poesia!

—Ma quale poesia! Maledetto il giorno in cui ti ho comprato

l'_____! Non trovo più pace.

—Hai ragione, papà. La musica di questa cantautrice è molto più bella dal

_____.

J.   Abbinare le definizione a sinistra con le parole modificate a destra. (**I suffissi**)

1. _____ un gran bel ragazzo   a. gattone

2. _____ un piccolo posto per i fiori   b. bellina

3. _____ una brutta cosa da dire   c. casetta

4. _____ un po' carina   d. poetastro

5. _____ un domicilio non molto grande   e. giovanotto

6. _____ una città piccola piccola   f. cucinetta

7. _____ un enorme nemico del cane   g. giardinetto

8. _____ uno scrittore senza talento   h. paesino

9. _____ una grossa automobile   i. parolaccia

10. _____ un piccolo posto per preparare da mangiare   j. macchinone

K.   Definire le seguenti cose da mangiare e bere con frasi complete. (**I suffissi**)

Esempio   spaghettini:
Sono degli spaghetti piccoli e fini.

1. minestrone: _____

2. insalatina: _____

3. orecchiette: _____

4. vinaccio: _____

5. gamberetti: _____

6. pastina: _____

7. carciofini: _____

8. broccoletti: _____

L. Rispondere alle domande con frasi complete. (**Si dice così D**)

1. Qual è la parte della discoteca dove si balla?

   _____

2. Come si chiama un posto dove i giovani s'incontrano?

   _____

3. Che cosa consumano le automobili?

   _____

4. Che cosa fanno i giovani che ballano come dei pazzi in discoteca?

   _____

5. Dove si può fare il pieno di benzina?

   _____

6. Come si chiama una strada su cui è possibile andare molto rapidamente?

   _____

7. Come si chiama una persona che guida una macchina?

   _____

M. Scrivere da quanto tempo le persone indicate fanno le azioni, come nel modello. (**La preposizione *da***)

   Esempio   Rachele / fare l'attrice / dieci anni
   Rachele fa l'attrice da dieci anni.

1. Voi / fare i compiti / due ore _____

2. Riccardo / abitare a Napoli / molti anni _____

   _____

3. Simonetta e Alessia / pensare di andare in America / sei mesi

   _____

4. Tu / guardare la televisione / le sette e mezzo

   _____

5. Noi / conoscerci / sempre _____

6. Io / studiare l'italiano / otto mesi _____

N. Antonella ha molte commissioni da fare. Scrivere dove va in ogni situazione, come nel modello. **(La preposizione *da*)**

Esempio   Antonella ha un problema legale da risolvere.
Va dall'avvocato.

1. Antonella deve comprare insalata e carciofi per la cena.

     _____

2. Ha bisogno di qualche consiglio. Suo fratello è molto bravo in queste situazioni.

     _____

3. Antonella ha un dente che le fa male da una settimana.

     _____

4. Antonella non vede la nonna da parecchio tempo.

     _____

5. Vorrebbe comprare dei fiori da portare alla nonna.

     _____

6. I suoi capelli sono troppo lunghi.

     _____

PRATICA COMUNICATIVA

A.   Non è possibile!   Fare un cerchio intorno alla lettera della risposta *non* logica.

1. Hai già combinato qualcosa per domani sera?

    a. Se fossi in te, non ci andrei.

    b. Sì, Massimo ed io assistiamo ad un concerto.

    c. No, sono assolutamente libero.

2. Il concerto è domani sera, e ho tanta paura di prendere una stecca!

    a. Non ti preoccupare; tutto andrà a gonfie vele.

    b. Non ti preoccupare; ti sei impegnato a fondo.

    c. Non ti preoccupare; sei stonata come una campana.

3. Sono sicuro che qualcuno mi ha fatto il malocchio.

    a. Che forte!

    b. Che jella!

    c. Ma tu sei superstizioso?

4. Non c'è anima viva in questo postaccio!

   a. È ancora presto; fra poco ci sarà un sacco di gente.

   b. Hai ragione! Sembra abbandonato.

   c. Non mi prendi sul serio.

5. Alessandra, attenta alla velocità!

   a. Piantala, Rosa! Sono un'ottima autista.

   b. Non voglio scatenarmi sulla pista.

   c. Se non ti piace come guido, scendi pure!

6. Non mi piace questa canzone di Pino Daniele.

   a. Ma tu non capisci un tubo di musica.

   b. Sì, è un po' fuori mano.

   c. Ma cosa c'entra Pino Daniele? Questo è Eros Ramazzotti.

B. Un'intervista con _____. Hai un musicista preferito/una musicista preferita?
Immaginare di essere questa persona, che risponde alle domande di un giornalista. Scrivere
risposte logiche con informazioni precise o inventate.

GIORNALISTA   Di dove sei, originalmente?

TU   _____

GIORNALISTA   Ti è sempre piaciuta la musica, anche da bambino/a?

TU   _____

GIORNALISTA   Da quanto tempo canti/suoni il/la _____?

TU   _____

GIORNALISTA   Chi è stato la tua ispirazione per la musica?

TU   _____

GIORNALISTA   Hai fatto qualche music video? Com'è andato?

TU   _____

GIORNALISTA   Quale genere di musica preferisci?

TU   _____

GIORNALISTA   C'è un disco che potresti ascoltare mille volte, senza stancarti (*get tired of it*)?

TU   _____

GIORNALISTA   Se tu potessi cambiare professione, cosa faresti?

TU   _____

GIORNALISTA   È difficile essere famoso/a, o ti piace?

TU   _____

Nome _____ Corso _____ Data _____

C. Un sondaggio cinematografico. Il direttore di un cinema locale ha distribuito il seguente sondaggio perché vorrebbe sapere che cosa pensano i giovani del cinema di oggi. Compilare il sondaggio con risposte oneste.

TI PIACE IL CINEMA?

Vai spesso al cinema? Sì / No   Quante volte all'anno? _____

Che genere di film preferisci? Metti un numero vicino al genere secondo la tua preferenza (1 per il preferito).

_____ fantascienza   _____ avventura   _____ romantico

_____ comico   _____ orrore   _____ film stranieri

Hai un/una regista preferito/a? Chi è? _____

Hai un attore/un'attrice preferito/a? Chi è? _____

Scrivi i titoli degli ultimi tre film che tu hai visto. Sotto ogni titolo, scrivi il tuo giudizio (*** = da non perdere, ** = abbastanza bello, * = da lasciar perdere). Poi scrivi una brevissima recensione di ogni film (1–2 frasi).

1. Titolo: _____ Giudizio: _____

   _____

   _____

2. Titolo: _____ Giudizio: _____

   _____

   _____

3. Titolo: _____ Giudizio: _____

   _____

   _____

Di solito, quanto spendi quando vai al cinema? _____

Compri anche da mangiare? _____   Che cosa? _____

D. Cinema o teatro. Cosa preferisci, andare a vedere un bel film al cinema o assistere ad uno spettacolo teatrale, dal vivo? Scrivere almeno due frasi per ogni categoria qui sotto.

Vantaggi del cinema: _____

_____

Vantaggi del teatro: _____

_____

Svantaggi del cinema: _____

_____

Svantaggi del teatro: _____

_____

Quale preferisci tu e perché? _____

_____

E. Se io fossi... Quale professione preferiresti seguire: attore/attrice, musicista o regista del cinema? Scrivere un breve paragrafo in cui parli dell'arte preferita e quello che faresti se tu fossi attore/attrice, musicista o regista.

_____

_____

_____

_____

_____

_____

_____

_____

_____

_____

F.   L'incendio alla Fenice.   Nel 1995 c'è stato un incendio (*fire*) che ha distrutto il glorioso e storico teatro veneziano, la Fenice. Ecco come l'inchiesta ha ricostruito i tristi avvenimenti. Guardare bene l'articolo e poi rispondere alle domande con frasi complete (**incendio doloso** = *arson;* **vigile del fuoco** = *firefighter;* **traccia** = *trace;* **ovunque** = *everywhere*).

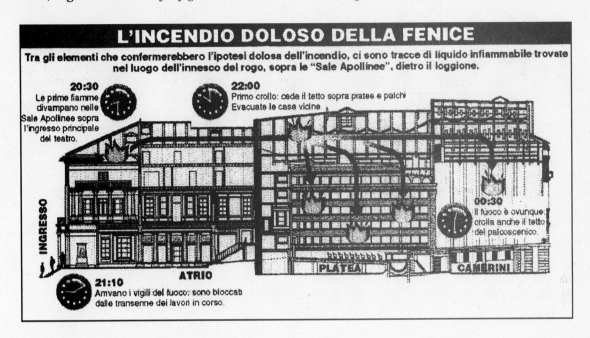

1. In quale parte è cominciato l'incendio? A che ora?

     _____

     _____

2. A che ora sono arrivati i vigili del fuoco? Perché sono stati bloccati?

     _____

     _____

3. A che ora sono state evacuate le case vicino al teatro?

     _____

4. Dove sono i camerini della Fenice?

     _____

5. Che cosa è successo a mezzanotte e mezzo?

     _____

6. Che cosa hanno trovato sopra le Sale Apollinee che indica incendio doloso?

     _____

G. Un gioco musicale. Riempire gli spazi con le parole definite. Le ultime lettere delle parole indicate con i numeri, e le prime lettere delle parole indicate con le lettere (le lettere nei quadri) ti daranno le note della scala musicale.

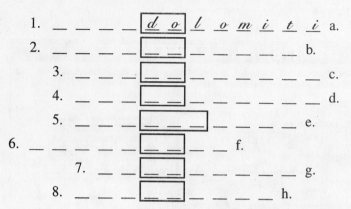

1. _ _ _ _ | d o | l o m i t i a.
2. _ _ _ _ | | _ _ _ _ b.
3. _ _ _ | | _ _ _ _ _ c.
4. _ _ _ _ | | _ _ _ _ d.
5. _ _ _ | | _ _ _ e.
6. _ _ _ _ _ | | _ _ f.
7. _ _ _ | | _ _ _ _ _ g.
8. _ _ _ | | _ _ _ _ h.

1. con i capelli gialli; non bruno
2. un uomo che recita sul palcoscenico
3. tranquilli, rilassati
4. comica, divertente
5. il contrario di *alto*
6. minuscola; non grande
7. si scrive alla fine dell'università
8. il contrario di *freddo*

a. le montagne rosa delle Alpi
b. dirige il film
c. più buono
d. è composta di madre, padre, figli ecc.
e. suona da solo nell'orchestra
f. un tessuto pesante per le maglie
g. non doppia; per una persona
h. sette più cinque

VOCABOLARIO E GRAMMATICA

A. Completare i seguenti mini-dialoghi in maniera appropriata. **(Si dice così A)**

1. —Hai già letto l'ultimo _____ di John Grisham?

    —No, non ancora. E tu?

2. —Mancano poche pagine e poi avrò finito di leggere questo libro. È molto lungo: ci sono

    venti _____.

    —Accidenti! Io sono arrivato soltanto al terzo!

3. —Non so proprio di cosa _____ questo libro. E tu?

    —Io l'ho letto lo scorso anno. Vuoi che io ti racconti _____?

4. —Preferisci la poesia di Montale o _____ di Pirandello?

    —La poesia di Montale!

5. —Chi è quella signora laggiù?

    —È una famosa _____. Scrive poesie bellissime.

6. —Vuoi leggere questa _____ di racconti di Alberto Moravia?

    —Quale _____ è, il primo o il secondo?

B. Completare il seguente brano con la forma corretta del verbo nel passato remoto. **(Il passato remoto)**

Uno degli scrittori più importanti dell'ottocento (essere) _____

Alessandro Manzoni. Questo grande letterato (nascere) _____ a Milano

nel 1785. (Scrivere) _____ opere teatrali e poesia lirica, ma è

conosciuto soprattutto per il suo romanzo storico, *I promessi sposi,* che (avere)

_____ un successo immediato ed (esercitare)

_____ un'enorme influenza sulla letteratura italiana. Quando Manzoni

(decidere) _____ di andare "a sciacquare i panni in Arno", (fare)

_____ capire che intendeva usare il toscano per le sue opere. Da allora,

il toscano (diventare) _____ definitivamente la base della lingua
italiana. Manzoni (morire) _____ nel 1873.

C. Rispondere alle seguenti domande usando i nomi e date indicate. **(Il passato remoto)**

    Esempio   Chi inventò il telescopio?
                   Galileo lo inventò.

1945	Neil Armstrong	Firenze	1963
Cristoforo Colombo	Botticelli	Dante	1914

1. Chi scoprì l'America? _____
2. Chi scrisse *La Divina Commedia*? _____
3. Quando finì la Seconda guerra mondiale? _____
4. Chi fu il primo uomo a sbarcare sulla luna? _____
5. Dove visse Petrarca? _____
6. Quando cominciò la Prima guerra mondiale? _____
7. Quando morì John F. Kennedy? _____
8. Chi dipinse il quadro famoso *La Primavera*? _____

D. Scrivere parole appropriate per ogni definizione. **(Si dice così B)**

1. Quando non c'è più di una cosa, per esempio, libri o biglietti:

    _____
2. Guardare rapidamente un libro: _____
3. È più economica della copertina rigida: _____
4. Una donna che legge un libro: _____
5. Quando stampano di nuovo un libro: _____
6. Un libro con disegni o fotografie: _____
7. Scrivere una recensione: _____

E. Creare frasi con numeri ordinali, come nel modello. **(I numeri ordinali)**

    Esempio   (28) giorno
                   il ventottesimo giorno

1. (18) capitolo _____
2. (7) mese _____
3. (2) guerra mondiale _____
4. (13) piano _____

5. (5) strada _____

6. (21) secolo _____

7. (3) mondo _____

8. (200) anniversario _____

F. Scrivere il numero ordinale che corrisponde ad ogni numero cardinale, come nel modello. **(I numeri ordinali)**

Esempio Siamo al (2) **secondo** piano.

1. La (1) _____ guerra mondiale fu una guerra terribile.

2. Mio cugino fece una corsa in bicicletta—arrivò (6) _____.

3. La biblioteca festeggia il suo (100) _____ anniversario.

4. Per la (1,000) _____ volta, ti prego, non toccare il pianoforte!

5. Giovanni (23) _____ fu un papa molto amato.

6. *Enrico* (4) _____ è un dramma di Pirandello.

7. In Italia, la (3) _____ pagina del giornale è la pagina culturale.

8. La (9) _____ sinfonia di Beethoven mi piace tantissimo.

G. Sottolineare l'espressione corretta nelle seguenti frasi. **(Si dice così C)**

1. Un giornalista scrive (una rubrica / un poema / un numero).

2. Un mensile esce una volta (al giorno / alla settimana / al mese).

3. Quando una rivista offre un regalo, è in (omaggio / abbonamento / onda).

4. L'elzeviro è (il nome dell'editore / la pagina culturale del giornale).

5. Quando un giornale ha una sezione speciale dedicata ad un argomento, si chiama
   (una rivista / un inserto / una rubrica).

6. Un periodico che una persona riceve regolarmente si chiama (un omaggio / un'edicola /
   un abbonamento).

H. Scegliere la forma giusta e poi scrivere risposte logiche per ogni domanda. (*Che* e *Quale*)

1. (Che / Quale) giornale preferisci?

   _____

2. (Che / Qual) è il tuo programma preferito?

   _____

3. (Che / Qual) è la data di oggi?

   _____

4. (Che / Quale) cosa hai combinato per stasera?

_____

5. (Che / Quali) sport ti piacciono di più?

_____

6. (Che / Quale) fanno gli studenti durante l'estate?

_____

7. (Che / Qual) è il nome di quel ragazzo?

_____

I. Completare il seguente dialogo con parole appropriate. (**Si dice così D**)

LA MAMMA   Davide, cosa guardi?

DAVIDE   Niente, un vecchio _____ americano, *Macgyver*. È
noiosissimo!

LA MAMMA   Posso cambiare il _____? Voglio vedere il
_____ e sentire le notizie del giorno.

DAVIDE   Per me va bene. Il problema è che il _____ non
funziona più e per cambiare il canale bisogna alzarsi, andare fino al
_____, ecc. Che barba!

LA MAMMA   Ho un'idea! Perché non _____ il televisore e leggi un
bel romanzo.

DAVIDE   Mamma, sei proprio spiritosa!

J. Trasformare le seguenti frasi dal discorso diretto al discorso indiretto, secondo il modello. (**Il discorso indiretto**)

Esempio   Noi andiamo al mare in agosto." Luigi dice...
Luigi dice che loro vanno al mare in agosto.

1. "Guardo il film e poi esco." Pietro ha detto _____

_____

2. "Leggerò questo romanzo appena possibile." Marina disse _____

_____

3. "Abbiamo cenato in questo ristorante." Loro hanno detto _____

_____

4. "Voglio riposarmi qui." La ragazza disse _____

_____

5. "Non saremo a casa oggi." I nostri amici dissero _____

_____

6. "Fummo contenti di rivederlo." Valeria e Sergio hanno detto _____

_____

7. "Non vengo con voi." Maria Cristina dice _____

_____

8. "Verremo con voi." Fabio dice _____

_____

9. "Io andrei volentieri all'Università Europea." Un mio amico ha detto _____

_____

10. "Domani parleremo della politica mondiale." La professoressa ha detto _____

_____

K. Pensare ai consigli che gli altri ti hanno dato in passato. Poi scrivere sei frasi che riportano queste cose, usando il discorso indiretto. Cominciare ogni frase con espressioni come: **Mio padre mi ha sempre detto che..., Una mia professoressa alle scuole elementari mi diceva che..., I miei amici mi dicono che...,** ecc.

1. _____

2. _____

3. _____

4. _____

5. _____

6. _____

PRATICA COMUNICATIVA

A. Come rispondere? Fare un cerchio intorno alla risposta più appropriata.

1. Hai visto che figuraccia Stefania ha fatto ieri alla festa?

   a. Sì, ha ballato proprio bene.

   b. Che vergogna. Aveva bevuto troppo.

   c. Bisogna affrontare con calma.

2. Hai sentito che Riccardo ha smesso di studiare?

   a. Lo so. Era stufo di leggere sempre.

   b. Lo so. È un ragazzo in gamba!

   c. Lo so. Ha un mucchio di libri.

3. Come vanno le cose oggi?

   a. Al mare.

   b. Andiamo a fare le commissioni in centro.

   c. Di male in peggio!

4. Per favore, mi dia l'ultimo numero di *Amica*.

   a. Mi dispiace, è esaurita.

   b. Mi dispiace, prenda pure.

   c. Mi dispiace, buona lettura.

5. Hai sentito? Il tuo giocatore preferito ha smesso di giocare a pallone.

   a. Questa sì che è una notizia bomba!

   b. Ora cambiamo canale.

   c. Chi si vede!

6. Allora tu ti concentrerai sulla poesia e io mi occuperò della prosa. D'accordo?

   a. Perfetto. Tanto preferisco i romanzi.

   b. Perfetto. Parlerò dei racconti di Calvino.

   c. Perfetto. Analizzerò alcuni sonetti del Duecento.

B. Cosa leggere?   Sei un commesso/una commessa in una libreria. Come rispondi ai clienti che ti chiedono i seguenti consigli? Scrivere frasi complete.

—Durante l'estate mi piace rilassarmi vicino alla piscina. Voglio leggere una cosa leggera e comica. I classici non mi interessano. Cosa mi raccomanda?

_____

_____

—Veramente non mi piace molto leggere, ma voglio fare bella figura con le ragazze sulla spiaggia. Voglio che tutte mi credano molto intelligente. Le ragazze vanno pazze per gli uomini intelligenti, no? Quale libro devo portare per fare bella figura?

_____

_____

—Quando fa caldo, amo leggere qualcosa di eccitante... non so, un giallo forse, o una storia di spionaggio. È uscito recentemente qualcosa di interessante?

_____

_____

—Mi piacerebbe trovare uno di quei lunghi romanzi sentimentali, con grandi amori, famiglie separate. Ecco... voglio qualcosa che mi faccia piangere come una pazza alla fine. Che cosa mi suggerisce?

_____

_____

C. Tenersi aggiornati. Compilare il seguente sondaggio con informazione appropriata.

1. Ti credi aggiornato/a sui fatti importanti del giorno?

   _____ Sì, molto informato/a.　　　　　_____ Abbastanza informato/a.

   _____ Un po' informato/a.　　　　　　_____ Per niente.

2. Con quali mezzi ti mantieni aggiornato/a?

   _____ giornali periodici　　　　　　_____ radiogiornale

   _____ riviste settimanali di attualità　　_____ Internet

   _____ telegiornale　　　　　　　　_____ altro _____

3. Leggi regolarmente un giornale? _____

   Quale? _____　　Hai l'abbonamento? _____

4. Guardi regolarmente il telegiornale? _____

   Quale canale? _____　　A che ora? _____

   Presentatore/presentatrice preferito/a? _____

D. Io e la televisione. Scrivere un breve paragrafo spiegando il tuo atteggiamento (*attitude*) verso la televisione. La guardi spesso? Troppo spesso? Perché? Quali programmi ti piacciono di più? La televisione può avere effetti positivi o negativi? Come? Scrivere almeno otto frasi.

_____

_____

_____

_____

_____

_____

_____

_____

_____

_____

_____

_____

_____

E. Titoli interessanti. Leggere i tre titoli di giornali recenti. Di che cosa credi che tratti ogni articolo? Scegliere la storia che ti interessa di più e poi scrivere un articolo di almeno sei frasi che accompagnerebbe il titolo. Puoi inventare tutti i fatti! (**sparare** = *to shoot;* **ammazzarsi** = *to kill oneself;* **ferito/a** = *wounded;* **scioccato/a** = *in shock;* **incubi** = *nightmares*)

Tortona, il dramma nella ricca famiglia di un industriale: la ragazza (25 anni) rifiutava di nutrirsi

Padre spara alla figlia anoressica e si ammazza

I parenti: «Disperato, l'ha uccisa perché le voleva troppo bene»

«Troppe persone si fermano in zone in cui non è permesso andare». Sette i feriti, nessuno è grave

«Venite a Stromboli, non c'è pericolo»

Ma dopo l'esplosione dell'altra notte, è polemica sui turisti

---

I medici: «Colpa della serie "X-Files"». Ai genitori: «Guardate la tv coi vostri figli»

Otto anni, scioccato dal telefilm

Genova, un bambino curato per incubi e angosce

_____

_____

_____

_____

_____

_____

_____

_____

F. Sabato sera davanti al televisore! È mezzanotte, sabato sera, e sei solo/a a casa guardando la televisione. Queste sono brevi descrizioni delle sei possibilità di programmi da guardare. Scrivere vicino al titolo di ogni programma un numero che indica la tua preferenza (1 è il programma preferito, ecc.), e poi scrivere perché ti interessa o no.

_____ Documentario: *Geo.* Il Kakadù, in Australia, è una delle aree naturali più belle del mondo.

_____

_____ Telefilm: *Star Trek.* Il capitano Picard viene rapito dai Borg.

_____

_____ Gioco: *La ruota dell fortuna.* Con Mike Buongiorno.

_____

_____ Sportivo: *TGS: Sportsera.* Tutte le notizie sportive del giorno: il Giro d'Italia.

_____

_____ Soap opera: *Febbre di amore.* Lance ha intenzione di dichiarare tutto il suo amore a Platinum.

_____

_____ Film: *Letto a tre piazze* (Italia, 1960). Con Totò, Peppino De Filippo. Ritenuto morto in Russia, ritorna dopo anni e trova la moglie sposata con un altro.

_____

G. "Benvenuti alla mia vita!" Un produttore della televisione ti ha contattato per creare un telefilm comico sulla tua vita. Scrivere una breve descrizione del programma con il titolo, i personaggi, dov'è ambientato e la trama di due episodi tipici.

Titolo: _____

Protagonista: Nome: _____; Descrizione: _____

Altri personaggi: Nome: _____; Descrizione: _____

    Nome: _____; Descrizione: _____

Scena (dove): _____

Episodio 1: _____

_____

_____

Episodio 2: _____

_____

_____

H. Cruciverba televisivo. Completare il puzzle con le parole definite.

Orizzontali

3. Una paura mortale
5. La pagina culturale del giornale
8. Una preposizione che denota possesso
9. La ragazza numero cinque
10. Dove si comprano i libri
13. "Questa sì che è una notizia _____!"
14. La signorina numero tre
15. La particella centrale di un periodo ipotetico
17. Cioccolatini della Perugina o segni di affetto
18. Arancione, azzurro e viola
19. La signora numero 9
20. "Le cose vanno di male in _____!"
21. Trenta secondi di pubblicità

Verticali

1. Passato remoto di **fare,** terza persona singolare
2. Passato remoto di **vedere,** prima persona singolare
4. Un periodo di dodici mesi
5. Dove si comprano giornali e riviste
6. Un ponte famoso a Venezia
7. Scrisse *La Divina Commedia*
9. Il ragazzo numero 4
11. Un giornalista può scrivere una _____ su un giornale.
12. Una persona capace e dinamica è "in _____".
15. Un periodo di cento anni
16. Passato remoto di **volere,** terza persona singolare

VOCABOLARIO E GRAMMATICA

A. Completare la descrizione del governo italiano adoperando il seguente schema. (**Si dice così A**)

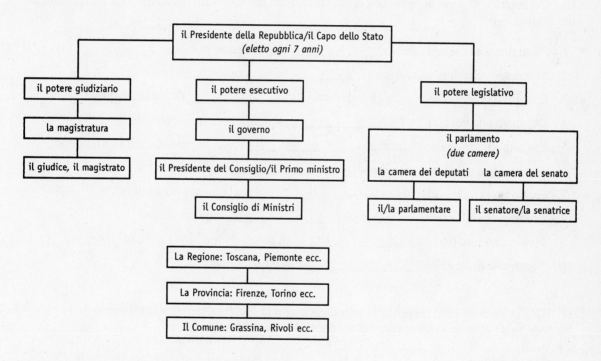

Il sistema governativo in Italia ha tre parti o poteri: il potere _____, che crea le leggi; il potere _____, che dirige il Paese, e il potere _____, che rappresenta la giustizia. Il potere legislativo è composto da due camere: il _____ e la camera dei _____. Queste due camere insieme si chiamano il _____. Il potere esecutivo è composto dal Presidente della Repubblica, che si chiama anche il _____, il Presidente del Consiglio, o _____, e tutti i ministri. Il potere giudiziario è composto dalla _____ con tutti i _____.

B. Sottolineare la parola o espressione corretta. (**Si dice così A**)

1. Il problema della mancanza di posti di lavoro per tutti i cittadini si chiama
   (la costituzione / la disoccupazione / la manifestazione).

2. I cittadini partecipano direttamente nella vita politica del Paese quando
   (protestano / si lamentano / votano).

3. I problemi ambientali dell'acqua o dell'aria sporca sono questioni di
   (magistrati / inquinamento / potere).

4. Chi vuole protestare contro un'azione del governo può organizzare una
   (camera / magistratura / manifestazione).

5. Un momento difficile nella vita politica del Paese si chiama
   (una crisi di governo / un primo ministro / una parlamentare).

C. Completare le seguenti frasi con la forma corretta del verbo fra parentesi. (**La concordanza dei tempi**)

1. Piero domanda se noi (andare) _____ in centro domani.

2. Mia madre chiederà se io (finire) _____ i miei compiti.

3. Giorgio ha chiesto se Franca gli (telefonare) _____ la settimana prossima.

4. Dubitavo che voi (sentire) _____ mai parlare di quel cantautore.

5. Era importante che noi (riportare) _____ i libri in biblioteca il giorno dopo.

6. So che Elisa e Sandro (conoscersi) _____ l'anno scorso.

7. Guido non credeva che io (andare) _____ al cinema senza di lui.

8. Era improbabile che Claudia (venire) _____ il giorno dopo.

9. Insisto che loro (studiare) _____ di più.

10. Vorrei che tu (seguire) _____ le mie istruzioni.

D. Costruire delle frasi riunendo la prima parte con la seconda, e mettendo il verbo della seconda parte al tempo appropriato. (**La concordanza dei tempi**)

1. Ho chiesto se	a. i bambini / non guardare troppo la TV
2. Penso che	b. noi / tenersi aggiornati
3. È importante che	c. il programma / finire alle 10.30 e non alle 11.00
4. Mi sembra che	d. esserci troppa violenza alla TV
5. Vorrei che	e. i miei amici / volere guardare un telefilm
6. Non pensavo che	f. io / guardare le notizie
7. Mia madre mi ha chiesto se	g. quel giornalista / intervistare la moglie del presidente
8. Era incredibile che	h. le reti televisive / trasmettere più programmi culturali

1. _____
2. _____
3. _____
4. _____
5. _____
6. _____
7. _____
8. _____

E. Completare la frase in un modo logico. (**La concordanza dei tempi**)

1. Pensavo che la gente in Italia

_____

2. I miei amici mi hanno detto che

_____

3. Avrei voluto che mia sorella

_____

4. I giornali dicono sempre che

_____

5. Da bambino io credevo che

_____

6. Prima di quest'anno non sapevo che

_____

7. Mi piacerebbe che tu

_____

8. Ho chiesto ai miei amici se

_____

F. Scrivere una parola che corrisponde a ogni definizione. (**Si dice così B**)

1. Fare un confronto tra due cose: _____
2. Una generalizzazione banale, troppo semplificata: _____
3. Quasi uguale: _____
4. Dimostrare orgoglio in una cosa: _____
5. Un'inchiesta per scoprire informazioni: _____
6. Accettare una cosa; essere soddisfatto/a: _____

7. Molto serio: _____

8. Tipico, normale: _____

G. Cambiare le seguenti frasi dalla forma attiva alla forma passiva. (**La voce passiva**)

Esempio   Qualcuno ha cambiato la legge.
              La legge è stata cambiata.

1. Qualcuno ha letto l'articolo di Umberto Eco.

_____

2. Qualcuno studierà la lezione stasera.

_____

3. Domani qualcuno eleggerà il nuovo governo.

_____

4. Qualcuno ha fatto un'intervista al politico.

_____

5. Qualcuno ha preparato una bella cena per il mio compleanno.

_____

6. Qualcuno ha pubblicato l'articolo di un mio amico.

_____

7. Qualcuno metterà dei fiori sulla tomba dei soldati morti in guerra.

_____

8. Qualcuno costruirà un nuovo edificio in centro.

_____

9. Qualcuno vede spesso il sindaco in bicicletta.

_____

10. Qualcuno preparava il discorso.

_____

H. Scrivere chi ha fatto le seguenti cose in preparazione per una festa. Usare la forma passiva.
(**La voce passiva**)

Esempio   Patrizia ha chiamato gli amici.
              Gli amici sono stati chiamati da Patrizia.

1. Marco ha mandato gli inviti.

_____

2. Silvia ha pulito la casa.

_____

3. Mirella ha preparato la pasta.

_____

4. Daniele ha portato una bottiglia di vino.

_____

5. Lucia e Fabio hanno comprato una torta.

_____

I. Completare il brano con parole o espressioni appropriate. (**Si dice così C**)

immagine	immigrati	integrati
offensive	patrimonio	pregiudizi
radici	rinunciare	fastidio

Sono molto orgogliosa delle mie _____ italiane e il

_____ storico e culturale di questo grande paese. Ma devo dire che

mi dà molto _____ quando sento certe generalizzazioni

_____ sugli italiani e gli italo-americani. Alcuni dicono che gli

italiani non si sono _____ completamente nella società americana,

che non vogliono _____ i vecchi costumi. Poi ci sono certi

_____ creati dai mass media, per esempio

l'_____ dell'italiano mafioso di molti film. Gli americani devono

sempre ricordare che siamo tutti _____, in un certo senso.

J. Riformulare le seguenti frasi usando il *si* **passivante,** secondo il modello. (**Il *si* passivante**)

Esempio   In classe l'italiano è parlato.
             In classe si parla l'italiano.

1. La festa del santo patrono è festeggiata in paese.

_____

2. I piatti tipici sono assaggiati dalla gente.

_____

3. Le tradizioni sono state mantenute facendo le sagre.

_____

4. Molte generalizzazioni sono fatte quando una cultura non è conosciuta bene.

_____

5. Il dialetto è parlato poco negli Stati Uniti.

_____

6. Molti pregiudizi sono stati combattuti durante gli anni.

_____

K. Rispondere alle seguenti domande con frasi complete, usando il *si* **passivante,** secondo l'esempio. (**Il** *si* **passivante**)

  Esempio   Che cosa si mangia stasera?
                Si mangia una pizza.

1. Dove si compra il giornale?

_____

2. Dove si cambiano i soldi?

_____

3. Che cosa si prenota all'agenzia di viaggio?

_____

4. Perché si studia l'italiano?

_____

5. Si possono portare i cani sull'autobus?

_____

6. Si parlano molte lingue straniere in Europa?

_____

7. Si studiano molte materie all'università?

_____

8. Cosa si deve fare quando si va all'estero?

_____

L. Rispondere alle domande con frasi complete. (**Si dice così D**)

1. Qual è il Vecchio Continente?

_____

2. Chi rappresenta lo stato italiano all'estero?

_____

3. Cosa fai quando immagini come sarà il futuro?

_____

4. Chi lavora all'ambasciata?

_____

5. Cos'è la CEE?

   _____

6. Quali qualità dovrebbe possedere un funzionario in un consolato?

   _____

PRATICA COMUNICATIVA

A.   Ieri, oggi e domani.   Le seguenti frasi vengono da tre diverse conversazioni di quattro battute ognuna. In una, due giovani parlano del passato. In un'altra parlano del presente e nell'ultima parlano del futuro. Prima trovare le battute che formano le tre conversazioni, e poi riscriverle tutte in un ordine logico.

—Secondo me, il problema fondamentale è l'apatia del popolo.
—Si dice che con la CEE i paesi europei perderanno il loro carattere individuale.
—Speriamo che gli altri impareranno l'italiano!
—Credevano al mito dell'America con le strade pavimentate con oro (*streets paved with gold*)?
—Credo che siano venuti alla fine del XIX secolo.
—E tu credi che sarà così?
—Forse. È vero che tutti dovranno conoscere le lingue straniere.
—Ma cosa si può fare?
—No, erano più realisti. Sono venuti per le opportunità di lavoro.
—Non lo so. Ma mi piacerebbe che tutti avessero qualcosa a cui credere.
—Quale credi che sia il problema più grave in Italia?
—Quando sono venuti in America i tuoi antenati?

1. _____

   _____

   _____

   _____

2. _____

   _____

   _____

   _____

3. _____

   _____

   _____

   _____

B. Un anno in Italia.   Sei andato/a in Italia per studiare le scienze politiche. Alla fine dell'anno accademico, un tuo professore all'università vuole rivolgerti alcune domande. Usare la fantasia e rispondere alle domande del professore.

PROFESSORE   Allora, Le è piaciuto vivere in Italia?

TU   _____

PROFESSORE   Le dispiace dovere tornare al Suo paese, dopo quest'anno in Italia?

TU   _____

PROFESSORE   Che cosa Le mancherà di più dell'Italia?

TU   _____

_____

PROFESSORE   Ha trovato interessante studiare la politica qui in Italia? Perché?

TU   _____

_____

PROFESSORE   Secondo Lei, qual è la differenza più grande tra i giovani americani e quelli italiani?

TU   _____

_____

PROFESSORE   Tornerà in Italia un giorno?

TU   _____

_____

C. Più che il denaro.   Il settimanale *L'Espresso* ha pubblicato i risultati di un sondaggio. Guardare bene le schede e poi rispondere alle domande con frasi complete.

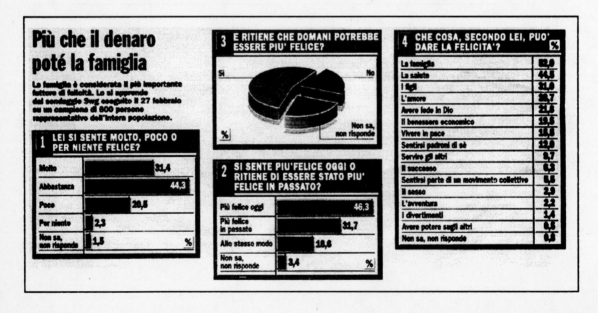

1. Quante persone hanno risposto al sondaggio?

    _____

2. Quale percentuale degli intervistati si sente abbastanza felice?

    _____

3. Quale percentuale spera di essere più felice in futuro?

    _____

4. Quale percentuale crede di essere stato più felice in passato?

    _____

5. Da questi dati, tu credi che il popolo italiano sia abbastanza ottimista di natura? Perché?

    _____

    _____

6. Se questo sondaggio fosse stato eseguito negli Stati Uniti, credi che i risultati sarebbero stati diversi? Come?

    _____

    _____

    _____

D. Cosa può dare la felicità?   Guardare la scheda 4 del sondaggio riportato qui sopra. Se tu dovessi rispondere alla domanda "Che cosa, secondo Lei, può dare la felicità?", come risponderesti? Scegliere cinque dei temi menzionati, metterli in ordine d'importanza e spiegare la tua scelta. Puoi anche aggiungere un nuovo tema se quelli menzionati non ti sembrano sufficienti.

1. _____ : perché _____

    _____

2. _____ : perché _____

    _____

3. _____ : perché _____

    _____

4. _____ : perché _____

    _____

5. _____ : perché _____

    _____

E. Italo-americani e l'Italia. Ecco due pubblicità prese da un periodico stampato a New York per la comunità italo-americana. Guardare le pubblicità e poi rispondere alle domande con frasi complete.

P. MORRONE TRAVEL
VOLI DI LINEA

NEW YORK-ROMA (solo andata) da $399
N.Y.-MILANO (solo andata) da $399
SPECIAL: N.Y.-ROMA - N.Y.-MILANO

$699 a/r

Tariffe soggette a cambiamenti senza preavviso

ASSICURAZIONI DI TUTTI I TIPI · ATTI DI RICHIAMO
· ATTI NOTARILI · TRADUZIONI · PROCURE
"Chi viaggia con Morrone, viaggia benone"

481 Old Country Rd.
Westbury, N.Y. 11590
(opposite Fortunoffs)

(516) 997-8550
(516) 333-3565

FAX (516) 997-8044

MONDO ITALIANO TV

Da oltre 10 anni con successo al servizio della nostra comunità

TONY MORSELLA
Producer/Director

UN PROGRAMMA TELEVISIVO
DEDICATO ALLA COMUNITA' ITALIANA
E ITALOAMERICANA

LE NOSTRE RUBRICHE INTRATTENGONO E AL TEMPO STESSO INFORMANO I NOSTRI TELESPETTATORI SUL MEGLIO DELLA CULTURA ITALIANA ED ITALO-AMERICANA.

Per il calendario della nostra programmazione, chiamate i nostri uffici al:
(201) 392-8586

Seguite il nostro palinsesto settimanale che offre: servizi COMUNITARI, GIORNALISTICI, SPORTIVI, CULTURALI, RELIGIOSI E RICREATIVI... e con la massima fiducia consultateci per la Vostra pubblicità!
Mondo Italiano, la giusta alternativa.

Per informazioni telefonateci
o scriveteci
1008 PATERSON PLANK ROAD
NORTH BERGEN, N.J. 07047
TEL. (201) 392-8586
FAX (201) 392-9005

---

1. Le pubblicità dimostrano due modi in cui gli italo-americani mantengono contatto con il "vecchio continente." Quali sono?

_____

2. Che cosa offre l'agenzia P. Morrone Travel alla clientela?

_____

3. Quanto costa il volo andata e ritorno da New York a Milano? E quanto costa solo andata?

_____

_____

4. Quali sono alcune linee aeree che tu conosci che volano in Italia dagli Stati Uniti?

_____

_____

5. Quale servizio offre "Mondo italiano"?

_____

6. Quali sono alcuni dei programmi che gli italo-americani possono vedere con "Mondo Italiano"?

_____

_____

F. Immigrati ed emigrati. Secondo te, è importante che gli italo-americani rimangano fedeli alle radici italiane, o è meglio integrarsi nel *melting pot* americano? Oppure sarà possibile fare tutte e due? Spiegare la tua opinione in un paragrafo di almeno sei frasi.

_____

_____

_____

_____

_____

_____

G. Prima e ora. Scrivere quattro cose che tu pensavi dell'Italia e degli italiani prima di seguire questo corso, e quello che sai ora.

Prima pensavo che...	Ora invece so che...
1. _____	_____
_____	_____
2. _____	_____
_____	_____
3. _____	_____
_____	_____
4. _____	_____
_____	_____

H. Logica genealogica. Michele Antonellis e Adriana Dacci sono due giovani amici italo-americani orgogliosi di essere italiani "al cento per cento". Recentemente hanno fatto delle ricerche per scoprire più informazioni sui loro antenati. Fra i documenti che hanno trovato, c'erano i certificati di matrimonio di tutti i nonni. Usando lo schema qui sotto, scrivere i nomi dei nonni paterni e materni dei due giovani, e la città italiana dove si sono sposati.

```
┌─────────────────────────────────────────────────────────────────┐
│        Paterni                          Materni                   │
│ _____ e _____    _____ e _____        │
│                                                                   │
│        _____                    _____               │
│                       sposati a                                   │
│        _____                    _____               │
│              Michele Antonellis                                   │
└─────────────────────────────────────────────────────────────────┘
```

```
┌─────────────────────────────────────────────────────────────────┐
│        Paterni                          Materni                   │
│ _____ e _____    _____ e _____        │
│                                                                   │
│        _____                    _____               │
│                       sposati a                                   │
│        _____                    _____               │
│              Adriana Dacci                                        │
└─────────────────────────────────────────────────────────────────┘
```

1. Livia Fusco non è la nonna che si è sposata a Bari.

2. Salvatore Dacci non si è sposato nel sud d'Italia.

3. Rita e Luigi non si sono mai conosciuti.

4. Enzo De Pasquale non è mai stato ad Avellino.

5. Il nonno materno di Michele si è sposato a Bari.

6. Giuseppina si è sposata ad Avellino.

7. Uno dei nonni si chiama Roberto, ma la moglie di Roberto non si chiama Livia.

8. Olimpia non è la nonna che si è sposata a Torino.

9. Una coppia si è sposata ad Ischia.

Laboratory Manual

UNITÀ

PER LA PRONUNCIA

The alphabet

A. L'alfabeto italiano.   Listen and repeat each letter of the Italian alphabet after the speaker.

a   b   c   d   e   f   g   h   i   l   m   n   o   p   q
r   s   t   u   v   z

Several letters of foreign origin are used in Italian. Repeat each letter you hear after the speaker and then write it.

__ __ __ __ __

There are five Italian vowels. Listen and repeat each vowel after the speaker.

a   e   i   o   u

B. Come si scrive... ?   Listen and write the letters that you hear. Then repeat the word that they form after the speaker.

1. _____

2. _____

3. _____

4. _____

5. _____

ATTIVITÀ PER LA COMPRENSIONE

C. La festa. You will hear three introductions at a party. Listen to each conversation and decide whether it is formal or informal. Then mark an **X** in the appropriate category.

    Formal   Informal

1. _____ _____

2. _____ _____

3. _____ _____

D. Di dove sei? You will hear three conversations. Listen carefully to each one to discover where the speakers are from and write the name of the city.

1. ENRICO   _____

    LILIANA   _____

2. DOTTOR GALLETTI   _____

    SIGNORE   _____

3. MARIA CASTOLDI   _____

    ALBERTO DE SANTIS _____

E. Il primo giorno di lezione. Two students are meeting in Italian class on the first day of school, but you will only hear what one student is saying. As you listen, number the responses in the order that logically completes the conversation. Read the responses before listening to the student. You may have to listen more than once.

_____ Piacere.

_____ Sono di Catania.

_____ Molto bene, grazie!

_____ Elisabetta. E tu?

_____ Salve.

F. I numeri. Listen and write the number that you hear.

1. _____   5. _____

2. _____   6. _____

3. _____   7. _____

4. _____   8. _____

Now stop the tape and write the word for each number.

G. Telefonami! (*Call me!*)   Listen to the following people and write their phone numbers. Don't worry if you don't understand every word the person says; just jot down the phone number.

1. _____

2. _____

3. _____

4. _____

INCONTRI

The **Incontri** conversations will be read first without pauses. Pay close attention to the speakers' intonation and pronunciation. The conversation will then be read a second time with pauses. Listen carefully and repeat what you hear, imitating the speakers' pronunciation patterns.

A. **Roma, Città Eterna,** text page 18.
B. **Benvenuta a Roma!,** text page 25.
C. **Un po' di riposo,** text pages 32–33.
D. **Tre monete nella fontana,** text page 40.

PER LA PRONUNCIA

The sounds c and g

In Italian, **c** and **g** have a hard sound before the vowels **a, o,** and **u.** They have a soft sound before **e** and **i.** To make a hard **c** or **g** sound before **i** or **e,** an **h** is inserted between the **c** or **g** and the vowel.

A. **Nomi italiani.**   Listen and repeat each pair of names after the speaker. Note the difference between the soft and hard sounds.

1. Lucia   Luca
2. Cecilia   Carlo
3. Ciro   Marco
4. Giulia   Guglielmo
5. Gianni   Gabriele
6. Giovanna   Ugo

B. Ad alta voce! Listen and repeat each word after the speaker, paying close attention to the pronunciation of the **c** and **g** sounds.

dolce	cinema	cappuccino
giorno	oggi	gelato
Chianti	perché	parmigiano
spaghetti	ciao	chiesa

C. La geografia italiana. Listen and repeat the name of each geographical location after the speaker. Then write **H** next to the word if the **c** or **g** sound is hard, and **S** if it is soft.

1. _____ Calabria	5. _____ Como	9. _____ Cuneo
2. _____ Lecce	6. _____ Genova	10. _____ Lago di Garda
3. _____ Gubbio	7. _____ Gorizia	11. _____ Bordighera
4. _____ Sicilia	8. _____ Foggia	12. _____ Ischia

The sounds gn and gl

In Italian, the letters **gn** are pronounced like the *ny* in *canyon*, or like the word **lasagna.** The letters **gl** are pronounced like the *ll* in *million*.

D. Ad alta voce! Listen and repeat each word after the speaker.

Bologna	cognome	signore
Cagliari	giglio	figlio
gnocchi	Spagna	

E. Orecchio alla pronuncia! Listen and repeat each pair of words, paying attention to the pronunciation of the **gn** and **gl** sounds.

1. montagna	Montana	4. aglio	olio
2. vigna	vino	5. voglio	volo
3. sogno	sono	6. maglia	mela

ATTIVITÀ PER LA COMPRENSIONE

F. Una visita a Roma. Listen to the following conversation between Teresa and Giusi, who are discussing their plans for their visit to Rome. Then circle the activity they have planned for each day. Read the list of activities before listening to the conversation.

lunedì   andare ai musei del Vaticano
            andare a fare lo shopping in Via Condotti

martedì   andare al Pantheon
            visitare il Vaticano

mercoledì   incontrare Marco e Riccardo
            visitare il Pantheon e Piazza Navona

giovedì   mangiare una pizza
            ballare in discoteca

venerdì   visitare il Pantheon e Piazza Navona
            ballare in discoteca

sabato   visitare il Colosseo e il Foro romano
            andare al Vaticano

G. All'aeroporto. You will hear a conversation between a ticket agent for Alitalia and a passenger. Fill in the information the passenger provides on the computer screen. You may have to listen to the conversation more than once. Don't worry if you don't understand every word; just concentrate on obtaining the information needed and look at the computer screen before you begin.

Passeggero n. 231

VOLO: Alitalia _____
DESTINAZIONE: _____
COGNOME: _____
NOME: _____
RESIDENTE IN: _____
CITTÀ: _____
NAZIONE: _____
TELEFONO: _____
PROFESSIONE: _____

H.   A teatro.   Listen to the following recorded message giving the names of shows and the dates of their runs. Then fill in the start and end dates for each show listed. Don't worry if you don't understand every word; just concentrate on filling in the schedule.

Teatro

Vita di Galilei, di Berthold Brecht:

dal _____ al _____.

Sei personaggi in cerca d'autore, di Luigi Pirandello:

dal _____ al _____.

Filumena Martorana, di Edoardo De Filippo:

dal _____ al _____.

Mistero buffo, di Dario Fo:

dal _____ al _____.

I.   Buon compleanno!   Listen to the following people introduce themselves. Write the dates of their birthdays and their ages.

	Data di compleanno	Età
Teresa	_____	_____
Gianni	_____	_____
Salvatore	_____	_____
Enza	_____	_____

UNITÀ

INCONTRI

The **Incontri** conversations will be read first without pauses. Pay close attention to the speakers' intonation and pronunciation. The conversation will then be read a second time with pauses. Listen carefully and repeat what you hear, imitating the speakers' pronunciation patterns.

A. **In aula,** text page 53.
B. **In ritardo per la lezione,** text pages 63–64.
C. **Il corso di laurea,** text page 73.
D. **Insegnanti futuri,** text page 80.

PER LA PRONUNCIA

Word stress

Most Italian words are stressed on the penultimate, or next-to-last, syllable. When words are stressed on the last syllable, there is an accent mark on the final vowel of that syllable to indicate the stress. Some words are stressed on the terzultimate (third-to-last) syllable or even before. These are called *parole sdrucciole*.

A. Ad alta voce!   The following words are stressed on the penultimate syllable. Listen and repeat each word after the speaker.

lezione   problema   bicicletta   studente   quaderno   appunti

The following words are stressed on the last syllable. Listen and repeat each word after the speaker.

città   caffè   falò   virtù   parlò   università

The following words are *parole sdrucciole*. Listen and repeat each word after the speaker.

poetica   cattedra   elettrico   logico   doppia   povero

B. Orecchio alla pronuncia! Listen and repeat each word after the speaker; then underline the syllable that is stressed.

1. scuola
2. isola
3. libro
4. repubblica

5. macchina
6. psicologo
7. bambino
8. stereo

9. piccolo
10. amico
11. simpatica
12. semplice

13. compito
14. domanda
15. difficile

ATTIVITÀ PER LA COMPRENSIONE

C. Di che cosa hai bisogno? Pino and his mother are discussing what things Pino needs to get before the first day of school. Listen to their conversation and circle the items listed that he needs to buy. Read the list of items before listening to the conversation.

zaino	bicicletta	penne
esercizi	computer	gesso
lezione	libri	matite
quaderni	appunti	finestra

D. Dov'è l'insegnante? It is the first day of school and Mario is looking for his new teacher. Listen to his description of her and place a check mark below the drawing that fits the description. You may have to listen to the description more than once.

1. _____   2. _____   3. _____

E. Scambi culturali. Angelo is applying to be an exchange student. Listen to the following interview and take notes. Write at least three adjectives that describe him and at least three things that he likes to do. You may have to listen to the conversation more than once.

Aggettivi: _____

Gli piace: _____

_____

_____

F.   A chi piace?   Vincenzo and Elisa are discussing which courses to take this year. Listen to their conversation, and based on what you hear, mark an **X** in the appropriate columns in the chart to indicate their likes and dislikes.

	A Vincenzo		A Elisa	
	piace	non piace / non piacciono	piace	non piace / non piacciono
leggere				
i compiti				
la matematica				
la poesia				
i bambini				
viaggiare				

G.   Cosa fanno?   Silvia and Luigi work in a law office. Listen to them describe what they do. Then write an **S** next to the tasks Silvia does, and an **L** next to Luigi's tasks.

1. _____ rispondere al telefono

2. _____ scrivere lettere

3. _____ prendere appunti durante una riunione (*meeting*)

4. _____ aprire l'ufficio al mattino

5. _____ preparare il caffè

6. _____ spedire le lettere

7. _____ chiudere l'ufficio la sera

8. _____ organizzare la scrivania dell'avvocato

H. Il programma della settimana. Today is Monday, and Franco and Giulia are planning their activities for the week. Listen to their conversation and fill in Franco's appointment book with his activities for the week. Don't forget to write down the times for his engagements!

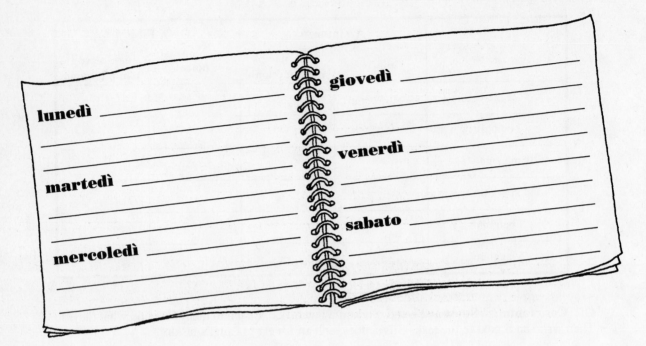

UNITÀ
3

INCONTRI

The **Incontri** conversations will be read first without pauses. Pay close attention to the speakers' intonation and pronunciation. The conversation will then be read a second time with pauses. Listen carefully and repeat what you hear, imitating the speakers' pronunciation patterns.

A. Preparativi per le nozze, text page 95.
B. A casa di Luca, text page 104.
C. Il ponte, text page 112.
D. Le commissioni in centro, text page 120.

PER LA PRONUNCIA

Diphthongs and triphthongs

When a syllable contains two vowels, it is called a diphthong; a syllable with three vowels is a triphthong. These vowels do not combine to produce a single, unique sound; instead, each is pronounced separately.

A. Ad alta voce!   Listen and repeat each word after the speaker. Be careful to pronounce each vowel.

Paolo	Laura	aula	autore	automobile
aereo	mai	fai	dai	aiuto
buono	uomo	uovo	fuoco	scuola
suocero				

The following words do not contain diphthongs or triphthongs because the consecutive vowels belong to different syllables. Listen and repeat each word after the speaker.

poi	suoi	vuoi	vuole	
Siena	fieno	diamo	zio	Dio
paura	paese			

B. I possessivi. Listen and repeat each pair of possessive words after the speaker. Then mark the words containing a diphthong with a **D** and those with a triphthong with a **T**.

1. i miei   _____   le mie   _____

2. i tuoi   _____   le tue   _____

3. i suoi   _____   le sue   _____

C. Che cosa senti? Read the following pairs of words, then listen carefully to the speaker and circle the word you hear.

1. piano   pieno   5. se   sei

2. mie   miei   6. poi   po'

3. viene   vene   7. nuora   nera

4. sono   suono   8. fuori   fiore

D. Dittonghi, sì o no? Listen and repeat each word after the speaker. Write **D** on the line provided if the word contains a diphthong.

1. _____   5. _____

2. _____   6. _____

3. _____   7. _____

4. _____   8. _____

ATTIVITÀ PER LA COMPRENSIONE

E. Come? Quando? Listen to the following answers to questions. Then write the appropriate question.

1. _____

2. _____

3. _____

4. _____

5. _____

6. _____

7. _____

8. _____

Nome _____ Corso _____ Data _____

F. Devo, ma non voglio.   Gabriella and Bruno are discussing what they have to do and what they want to do this evening. Listen to their conversation carefully. Then for each activity listed, write a **G** for Gabriella or a **B** for Bruno in the appropriate column, depending on what each person has to do or wants to do. Read the list of activities before you begin.

		Deve fare	Vuole fare
1.	andare al cinema	_____	_____
2.	studiare per un esame	_____	_____
3.	finire un libro	_____	_____
4.	andare in centro	_____	_____
5.	fare delle commissioni	_____	_____
6.	spedire un pacco	_____	_____
7.	comprare un regalo	_____	_____

G. Le previsioni del tempo.   Listen to this weekend's weather forecast. Then jot down what the weather will be like for each place listed. Before you listen to the forecast, read the list of places.

Località	Tempo	Temperatura
Val d'Aosta	_____	_____
Veneto	_____	_____
Roma	_____	_____
Napoli	_____	_____
Sicilia	_____	_____

Now rewind the tape and listen to the forecast again, adding the temperature for each place.

H. L'albero di famiglia. Look at the drawing of Dario Alfieri's family tree. As you listen to Dario talk about his family, write the missing names in the chart. Don't worry if you don't understand every word; just concentrate on completing the tree. You may want to listen to Dario's description more than once.

Missing names

Gianni   Filippo   Rosa
Barbara   Maurizio   Pino

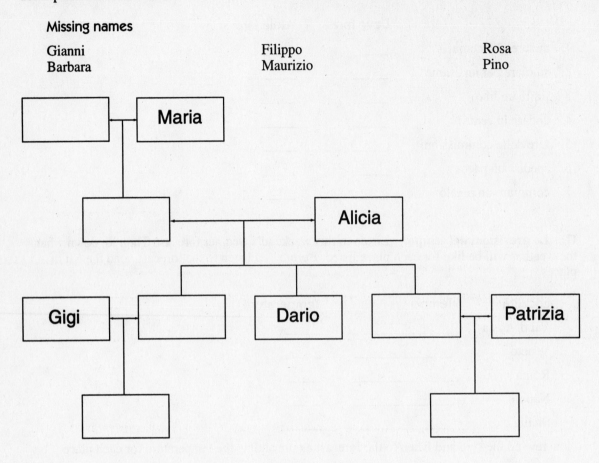

I. Cercasi appartamento. Claudia wants to rent an apartment. She has seen an ad in the paper and calls to find out more about the apartment. Listen to Claudia's conversation with the apartment manager and complete her notes.

Appunti

Appartamento: Via Roma

Quante stanze: _____   Quanti bagni: _____

Piano: _____

Chiedere se c'è:

terrazza? _____   cucina? _____

sala da pranzo? _____   soggiorno? _____

Affitto: £_____

UNITÀ

4

INCONTRI

The **Incontri** conversations will be read first without pauses. Pay close attention to the speakers' intonation and pronunciation. The conversation will then be read a second time with pauses. Listen carefully and repeat what you hear, imitating the speakers' pronunciation patterns.

A. **Una mattinata al mercato,** text pages 132–133.
B. **I ragazzi preparano una cena,** text page 143.
C. **Facciamo due passi!,** text pages 151–152.
D. **Che sorpresa,** text page 160.

PER LA PRONUNCIA

Vowels

There are five Italian vowels. Listen and repeat: **a, e, i, o, u.** The vowels **a, i,** and **u** do not vary in their pronunciation, but **e** and **o** have both open and closed sounds.

A. **Ad alta voce!**   The following words have an open **o.** Listen and repeat after the speaker.

negozio   do   dirò   uomo   uova   falò

The following words have a closed **o.** Listen and repeat after the speaker.

voce   sogno   cotone   sono   colore   nuvoloso

B. **Ad alta voce!**   The following words have an open **e.** Listen and repeat after the speaker.

problema   agenda   contento   dieci   caffè   è

The following words have a closed **e.** Listen and repeat after the speaker.

perché   vedere   inglese   architetto   mese   re

C. Orecchio alla pronuncia! Listen and repeat each pair of words after the speaker. Note the difference between the open and closed vowel sounds.

	Open	Closed
1.	vorrei	perché
2.	tema	tre
3.	tè	te
4.	finestra	francese
5.	chiesa	contessa
6.	bene	bere
7.	è	e

ATTIVITÀ PER LA COMPRENSIONE

D. Che cosa hanno fatto? You will hear five short conversations. Listen to each one and circle the activity that the people in each situation have just finished. Read the list of possible activities before you begin.

1. a. Hanno visto un film.

   b. Hanno mangiato al ristorante.

2. a. Hanno guardato la televisione.

   b. Hanno giocato a tennis.

3. a. Hanno comprato la verdura.

   b. Hanno comprato la carne.

4. a. Sono andati in banca.

   b. Sono andati al mercato all'aperto.

5. a. Sono andati in profumeria.

   b. Hanno comprato il pane.

E. In banca.   Marco wants to change some money at the Cassa di Risparmio di Spoleto. Listen to his conversation with the bank teller and answer the questions.

1. Quale valuta (*currency*) ha Marco?

_____

2. Quale valuta vuole?

_____

3. Quanto è il cambio?

_____

4. Quanti soldi vuole cambiare Marco?

_____

5. Quanto riceve?

_____

F. Presente o passato?   Listen to each of the following people talk about their activities. Mark an **X** in the appropriate column, depending on whether the speaker is talking about the present or the past.

	Presente	Passato
1.	_____	_____
2.	_____	_____
3.	_____	_____
4.	_____	_____
5.	_____	_____

G. Che hai fatto?   Rocco and Alessandra are talking about what they did last weekend. Listen to their conversation and write **R** next to the things Rocco did, and **A** next to what Alessandra did. Read the list of activities before you listen.

1. _____ incontrare degli amici   5. _____ fare due passi in centro

2. _____ studiare in biblioteca   6. _____ aiutare la mamma a pulire la casa

3. _____ fare una gita in bicicletta 7. _____ lavorare

4. _____ prendere un gelato   8. _____ fare i compiti

Now turn off the cassette and list three things you did last weekend, using complete sentences.

1. _____

2. _____

3. _____

H. Dal fruttivendolo. Listen to the following conversation between a vendor and a customer. Write **sì** or **no** to indicate which products the customer buys and indicate the quantity when appropriate. As you listen, concentrate on the customer's purchases. Read the list of products before you hear the conversation.

		Sì/No	Quantità
1.	melanzane	_____	_____
2.	cipolle	_____	_____
3.	banane	_____	_____
4.	melone	_____	_____
5.	limoni	_____	_____
6.	ananas	_____	_____
7.	pomodori	_____	_____
8.	carote	_____	_____

INCONTRI

The **Incontri** conversations will first be read without pauses. Pay close attention to the speakers' intonation and pronunciation. The conversation will then be read a second time with pauses. Listen carefully and repeat what you hear, imitating the speakers' pronunciation patterns.

A. **Colazione al bar,** text page 172.
B. **Una cena fra amici,** text page 181.
C. **Una cena squisita,** text page 189.
D. **Cosa brucia in cucina?,** text page 198.

PER LA PRONUNCIA

The sounds s, ss, and z

In Italian, when the letter **s** is between two vowels, it is pronounced like the letter *z* in English, as in *rose, noisy,* or *Pisa.* The letter **z** in Italian is pronounced like the English *z* in *Mozart* or *pizza.* A double **s** is pronounced like the *s* sound in *mess.*

A. **Ad alta voce!**   Listen and repeat each word after the speaker.

grazie	zucchero	zero	mezzogiorno	piazza
zuppa	preparazione	pizza	servizio	palazzo

B. **Ad alta voce!**   Listen and repeat each word after the speaker.

posso	cassiera	passeggiata	professoressa	tasse	
casa	isola	mese	brindisi	vaso	crisi

C. Che cosa senti? Read the following pairs of words. Then listen carefully to the speaker and circle the word you hear.

1. Pisa   pizza
2. rosa   rossa
3. cose   cozze
4. naso   nozze
5. passo   pazzo
6. rissa   riso
7. compressa   compresa
8. presi   prezzi

ATTIVITÀ PER LA COMPRENSIONE

D.   Al ristorante.   Mr. and Mrs. Volpe and their son Giuseppe are eating in a trattoria. Listen to their conversation with the waitress and put a check mark in the appropriate box to indicate what each person orders. You may want to listen to the dialogue more than once.

Tavola n. 4			Cameriera: Francesca
Clienti			**Menù**
PADRE	MADRE	GIUSEPPE	
			Primi
			Spaghetti alle vongole
			Gnocchi alla romana
			Lasagne al forno
			Secondi
			Bistecca di maiale ai ferri
			Scampi alla griglia
			Filetto al pepe verde
			Contorni
			Insalata mista
			Patate fritte
			Dolci
			Gelato della casa
			Tiramisù

E. Attenti alla linea!   Matteo is trying to lose weight, so he consults Dr. Pipino, a famous dietician. First, stop the tape and write three things you think Dr. Pipino will advise Matteo not to eat.

1. _____ 2. _____ 3. _____

Now listen to Dr. Pipino's advice and write the items he advises Matteo not to eat or drink and the items he can eat and drink. You may want to listen to the doctor's orders more than once!

Mangiare: _____

_____

Non mangiare: _____

_____

Bere: _____

Non bere: _____

F. Al bar dell'angolo.   You are the cashier in a bar. Three customers are waiting at the register to order and pay. Listen to what each person orders and write the price for each item. Then total each check.

La Lista

cappuccino	£ 1800
caffè	£ 1600
acqua minerale	£ 800
tè	£ 1200
aperitivi	£ 2500
brioche	£ 2000
panini	£ 3500
tramezzini	£ 2800

Cliente 1: _____

Cliente 2: _____

Cliente 3: _____

G. Che belle nozze! Michele and Anna are getting married in a month and have already received many gifts. Their friend Alberto wants to send them a present, so he asks them what they have already received. Read the list of possible gifts and then listen carefully to their conversation. Mark an **X** next to the items they have already received.

_____ una tovaglia di lino   _____ posate

_____ piatti   _____ le tazze per il caffè

_____ un vassoio di cristallo   _____ le pentole

_____ un candelabro   _____ bicchieri di cristallo

_____ un vaso per fiori   _____ una lavastoviglie

H. Bobo il buongustaio. Bobo is the host of a successful radio program that offers cooking advice and recipes. Read the list of steps for preparing spaghetti alla carbonara. Then listen to Bobo's program and put the steps in order, numbering them from one to seven. On the lines provided, write two pieces of advice Bobo offers about cooking. You may have to listen to the program twice.

_____ Si aggiunge del pepe nero.

_____ Si mescola tutto: uova, parmigiano, pancetta insieme agli spaghetti cotti.

_____ Si mangiano gli spaghetti alla carbonara!

_____ Si preparano gli spaghetti.

_____ Si grattuggia il parmigiano.

_____ Si taglia la pancetta.

_____ Si sbattono quattro uova.

_____

_____

INCONTRI

The **Incontri** conversations will first be read without pauses. Pay close attention to the speakers' intonation and pronunciation. The conversation will then be read a second time with pauses. Listen carefully and repeat what you hear, imitating the speakers' pronunciation patterns.

A. **Erano altri tempi!,** text pages 210–211.
B. **Una partita di pallone,** text page 219.
C. **Una passeggiata in montagna,** text pages 227–228.
D. **Una telefonata,** text pages 234–235.

PER LA PRONUNCIA

The sounds r and rr

In Italian, the letter **r** is rolled. This sound is produced by fluttering the tip of the tongue on the ridge behind the upper teeth. If the **r** is doubled, the rolling sound is sustained longer. When an **r** is preceded by another consonant, like **t** or **d,** that consonant is pronounced separately before the **r** is rolled.

A. **Ad alta voce!**   Listen and repeat each word after the speaker, paying close attention to the pronunciation of the **r** sounds.

rosa	ristorante	radio	remare	rilassante
futuro	vero	mangerò	pera	ora
birra	carriera	arrivare	berrò	verrò

B. **Orecchio alla pronuncia!**   Listen and repeat each word after the speaker.

trattoria	tragedia	treno	trentatré
dritto	mezzadra	preferirei	problema
abbronzare	brutto		

ATTIVITÀ PER LA COMPRENSIONE

C. L'intervista.   Lulu Saccobellezza is a tabloid reporter, who is interviewing the famous actor Totò Belli. Read the list of activities. Then listen to the interview and cross out those activities that the actor does *not* do in his spare time. Also add the two activities missing from Lulu's list. You may want to listen to the interview more than once.

andare in barca a vela

ballare in discoteca

prendere il sole

andare ai musei

andare ad una partita di calcio per tifare

mangiare nei ristoranti eleganti

andare al cinema

_____

D. Il campeggio.   Riccardo and Chicca are going camping, but they can't seem to agree on what supplies they should take! Read the list of items, then listen to their conversation. Mark an **X** in the appropriate column to indicate whether or not they decide to take the object.

	Portare	Non portare
una bussola (*compass*)	❑	❑
una cartina	❑	❑
il binocolo	❑	❑
una bottiglia di acqua	❑	❑
un coltello	❑	❑
la macchina fotografica	❑	❑
le giacche a vento	❑	❑

E.   I singhiozzi (*hiccups*).   Alfredo is talking to his friend Claudia on the phone, but he has the hiccups and cannot finish his sentences. Listen to their conversation and choose the word that properly completes each of Alfredo's sentences. Number the words consecutively from 1 to 4.

_____ dama

_____ calcio

_____ stai

_____ scultura

F. Abbiamo tutti un hobby!   Five students are discussing what they like to do in their spare time. Listen to each person and then draw a line connecting the person's name with his or her favorite activity.

1. Ruggiero

2. Giulia

3. Vittorio

4. Adriana

5. Marco

a. disegnare

b. fare ginnastica

c. suonare la chitarra

d. andare in barca

e. fare fotografie

G. Brutto tempo al mare.   Listen to the following conversation between Angelo and his friend Patrizia. Then indicate whether the following statements are true (**T**) or false (**F**).

1. _____ Fa bello al mare.

2. _____ Le cose vanno bene da Patrizia.

3. _____ Patrizia non è andata al cinema.

4. _____ Angelo ha fatto una passeggiata con Franco.

5. _____ La squadra della città ha perso la partita.

6. _____ Patrizia ha mangiato un gelato ieri.

H. Una visita a Venezia.   Sandro is telling his friend Beppe about his trip to Venice. Read the list of activities and then listen to what he says. Mark an **X** next to the places Sandro saw and the things he did.

1. _____ visitare la Basilica di San Marco

2. _____ vedere il ponte Rialto

3. _____ visitare il Palazzo dei Dogi

4. _____ fare un giro in gondola

5. _____ mangiare specialità venete

6. _____ andare col traghetto al Lido

7. _____ visitare una fabbrica del vetro a Murano

8. _____ camminare tanto per le calli di Venezia

INCONTRI

The **Incontri** conversations will first be read without pauses. Pay close attention to the speakers' intonation and pronunciation. The conversation will then be read a second time with pauses. Listen carefully and repeat what you hear, imitating the speakers' pronunciation patterns.

A. **Cristina ha l'influenza,** text page 246.
B. **Non so cosa mettermi!,** text page 257.
C. **Nel negozio di abbigliamento,** text page 267.
D. **A ciascuno il suo!,** text page 273.

PER LA PRONUNCIA

Double consonants

In Italian, all consonants except **h** and **q** have a corresponding double consonant that is pronounced differently from the single consonant. In general, double consonants are pronounced more forcefully; in effect, the letter is pronounced twice. It is important to pronounce double consonants correctly, because the difference of one letter can result in a difference in meaning.

A. **Ad alta voce!**   Listen and repeat each word after the speaker, paying close attention to the double consonant sounds. Practice the double consonant pronunciation: divide the word after you pronounce the first consonant, then repeat that consonant at the start of the next syllable.

mamma	vorrebbe	faremmo	sillabo
donna	sette	bevvi	

Now listen and repeat the following sentence after the speaker.

Amo mia mamma.

B. Orecchio alla pronuncia! Listen and repeat each word after the speaker. Note the difference in pronunciation between the single consonant and the double consonant.

età	etto	meta	letto
pineto	tetto	aceto	accetto
mela	snella	parentela	tagliatelle
Pina	pinna	sono	sonno
parleremo	parleremmo	copia	coppia

C. Che cosa senti? Read the pairs of words. Then listen carefully to the speaker and circle the word you hear.

1. sete   sette
2. tutta   tuta
3. vene   venne
4. casa   cassa
5. alla   ala
6. beve   bevve

7. notte   note
8. eco   ecco
9. papa   pappa
10. nona   nonna
11. saremo   saremmo
12. tono   tonno

ATTIVITÀ PER LA COMPRENSIONE

D. Chi è? While you listen to the following people describe themselves, number the drawings in the order in which the people speak.

_____   _____   _____   _____

E. Dal medico. You are a receptionist in a doctor's office. Listen to the messages that were left on your voice mail early this morning and fill in the cards using the information you hear.

Nome: _____

Numero di telefono: _____

Sintomi: _____

Altri commenti: _____

Nome: _____

Numero di telefono: _____

Sintomi: _____

Altri commenti: _____

Nome: _____

Numero di telefono: _____

Sintomi: _____

Altri commenti: _____

F. I fratelli rivali. Listen to the descriptions of Enzo and Alfredo. Mark an **X** in the appropriate column to indicate which brother exhibits each characteristic. Use a plus sign (+) or a minus sign (–) to indicate degrees of comparison.

	Enzo	Alfredo
1. È alto.	_____	_____
2. È atletico.	_____	_____
3. Prende il sole.	_____	_____
4. Gioca bene a tennis.	_____	_____
5. Porta vestiti eleganti.	_____	_____
6. Va male a scuola.	_____	_____

G. Quando mi sveglio...   Read the list of activities and then listen to Beppe describe his typical morning. Number the activities in the order in which Beppe performs them.

_____ radersi la barba

_____ svegliarsi

_____ bere un caffè

_____ farsi la doccia

_____ pettinarsi allo specchio

_____ vestirsi

_____ alzarsi

H. La festa di Filippo.   Listen to the following description of Filippo's party. Then indicate whether each statement is true (**T**) or false (**F**).

1. _____ Filippo offre una festa venerdì sera.

2. _____ Filippo invita tutti i suoi amici.

3. _____ Liana compra un vestito nuovo per la festa.

4. _____ Susanna non andrà.

5. _____ Sergio andrà alla festa.

6. _____ Riccardo andrà alla festa.

7. _____ Andrea andrà alla festa.

I. Agli ordini!   Listen to the following six phrases. Write an **X** in the appropriate column to indicate whether the person is asking a question or giving a command.

	Domanda	Comando
1.	_____	_____
2.	_____	_____
3.	_____	_____
4.	_____	_____
5.	_____	_____
6.	_____	_____

INCONTRI

The **Incontri** conversations will first be read without pauses. Pay close attention to the speakers' intonation and pronunciation. The conversation will then be read a second time with pauses. Listen carefully and repeat what you hear, imitating the speakers' pronunciation patterns.

A. **Dopo l'esame di Maturità,** text page 288.
B. **In cerca di un passaggio,** text page 300.
C. **In sala riunioni,** text page 306.
D. **Il colloquio di lavoro,** text page 312.

PER LA PRONUNCIA

Review of vowels

In Italian, vowel sounds are pronounced clearly. There are only five vowel sounds in Italian and it is important to articulate them.

A. Orecchio alla pronuncia!   Listen and repeat each word after the speaker. Pay particular attention to the clear pronunciation of the vowel sounds.

mela	mulo	mila	male	molo
lago	lega	lungo	luogo	
tetto	tutto	pero	pare	pura

B. Ad alta voce! The following words end in an accented vowel. Listen and repeat each word after the speaker.

ragù	virtù	gioventù	più
città	specialità	già	
caffè	osé		
parlò	parlerò		
sì	lì		

C. Che cosa senti?   Listen and repeat the following words, paying careful attention to the final vowel sound. There are many pairs of words in Italian that change meaning from masculine to feminine!

1.	banco	banca	4.	posto	posta
2.	mostro	mostra	5.	porto	porta
3.	pianto	pianta	6.	scopo	scopa

ATTIVITÀ PER LA COMPRENSIONE

D. Mezzi di trasporto.   Ascoltare le seguenti sei persone. Raccontano quale mezzo di trasporto prendono per arrivare a lavoro. Scrivere il numero del mezzo usato accanto al nome della persona che lo prende.

1. aereo   _____ Roberto

2. macchina   _____ Mattia

3. autobus   _____ Isabella

4. motocicletta   _____ Enrica

5. bicicletta   _____ Giovanni

6. treno   _____ Marilina

E. Certezza o dubbio?   Ascoltare bene le seguenti frasi e indicare se la persona che parla esprime un dubbio o una certezza, scrivendo una **X** nella colonna appropriata.

	Dubbio	Certezza
1.	_____	_____
2.	_____	_____
3.	_____	_____
4.	_____	_____
5.	_____	_____
6.	_____	_____

F. Pubblicità radiofoniche.   Ascoltare le seguenti pubblicità e scegliere la battuta finale (*last line*) che completa ciascuna pubblicità in maniera logica. Scrivere il numero che corrisponde all'ordine in cui vengono presentate le pubblicità.

_____ ...quando la pasta è Pasta Bardilla!

_____ ...pulisci con Casa Bianca, e avrai finalmente una casa pulita!

_____ ...Bevi il tè alla pesca Sipton e rilassati!

_____ ...Guida un'Autorossi e sarai padrone della strada!

G. Il colloquio di lavoro. Stefano ha un colloquio di lavoro in uno studio legale. Ascoltare la conversazione fra Stefano e l'avvocato Adori e completare la conversazione con le parole mancanti. Ascoltare la conversazione più di una volta, se necessario.

ADORI   Buongiorno. Lei è Stefano Manzini?

STEFANO   Sì, sono io. _____ (1).

ADORI   Perché è _____ (2) a questo lavoro?

STEFANO   Io studio _____ (3) all'università e vorrei

_____ (4) avvocato al termine dei miei studi.

ADORI   Ha un _____ (5)?

STEFANO   Sì, eccolo.

ADORI   Vedo che ha _____ (6). Ha fatto già uno

_____ (7) presso uno _____ (8)

in Inghilterra. Allora, parla bene l'inglese?

STEFANO   _____ (9).

ADORI   Bene! È una lingua molto _____ (10). Quando

_____ (11)?

STEFANO   L'anno prossimo, se tutto va bene. Ho due _____ (12)

questo mese.

ADORI   _____ (13)!

STEFANO   Crepi!

H. Un lavoro fantastico! Luigi ha visto sul giornale l'inserzione qui riprodotta e ora telefona per avere più informazioni. Ascoltare bene la conversazione telefonica e completare gli appunti che Luigi prende.

Vuoi guadagnare bene? Puoi guadagnare $500 la settimana!!

Studenti!! Potete lavorare durante il tempo libero!!!

Informazioni: chiama Rocco 670.890

1. Che tipo di lavoro è? _____

2. Quante ore dura al giorno? _____

3. Si può lavorare di notte? _____

4. C'è bisogno di una macchina? _____

5. Dov'è il lavoro? _____

INCONTRI

The **Incontri** conversations will first be read without pauses. Pay close attention to the speakers' intonation and pronunciation. The conversation will then be read a second time with pauses. Listen carefully and repeat what you hear, imitating the speakers' pronunciation patterns.

A. **Un viaggio in Sardegna,** text page 329.
B. **In partenza,** text page 338.
C. **Destinazione: Sardegna!,** text page 345.
D. **In volo,** text page 355.

PER LA PRONUNCIA

Intonation

In Italian, it is not necessary to raise your voice at the end of a question. When you use a tag phrase to turn a statement into a question, however, you must raise your voice at the end. When giving commands, urgency is expressed in the inflection. Particular emphasis is given to words in exclamations.

A. **Ad alta voce!** Listen and repeat the following questions, imitating the speakers' intonation and inflection.

Come stai?
Che tempo fa oggi?
Hai un momento?
Che ore sono?
Chi è quel signore?
Dove hai trovato quel vestito?

B.   Ripetila!   Now listen and repeat the following tag questions, imitating the speakers' intonation and inflection.

Hai già conosciuto Mario, vero?
È la prima volta che vieni in Italia, non è vero?
Dobbiamo esserci a mezzogiorno, giusto?

C.   Senti chi parla!   Listen and repeat the following commands, imitating the speaker's intonation and inflection.

Mi dica!
Non dimenticare di telefonarmi!
Finisci tutto!
Smettila!
Fammi sapere appena puoi!
Abbia pazienza!

D.   Orecchio alla pronuncia!   Listen and repeat the following exclamations, imitating the speaker's intonation and inflection.

Che bello!
Che caldo!
Mi dispiace!
Chi si vede!
Mi raccomando!

E.   Senti chi parla!   Listen to the following conversation between a brother and sister who can't agree on anything. Pay close attention to their pronunciation, intonation, and inflection. Then repeat each line after the speaker.

ANGELA   Enrico, non vai mica in centro oggi?

ENRICO   Sì, perché?

ANGELA   Perché ho delle commissioni da fare. Allora vengo anch'io!

ENRICO   Mi dispiace, non posso portarti.

ANGELA   Ma dai! Ti prego, portami con te!

ENRICO   Lasciami stare! Lo sai che vado con i miei amici.

ANGELA   Sei insopportabile!

ENRICO   Ueh, basta!

ATTIVITÀ PER LA COMPRENSIONE

F. Alla stazione dei treni.   Michele è in partenza per Roma. È allo sportello delle informazioni alla stazione di Firenze. Ascoltare bene la conversazione fra Michele e l'impiegato. Poi rispondere alle domande con frasi complete.

1. A che ora parte il treno?

    _____

2. Da quale binario parte?

    _____

3. Compra un biglietto di andata e ritorno, o di solo andata?

    _____

4. Quanto viene il biglietto?

    _____

5. Quante ore dura il viaggio?

    _____

6. Che tipo di treno prende?

    _____

G. All'aeroporto.   Massimo va in Sardegna per una vacanza al mare. È all'aeroporto. Ascoltare la conversazione tra Massimo e l'impiegato e completarla con le parole mancanti. Forse sarà necessario ascoltare la conversazione più di una volta.

IMPIEGATO	Buongiorno, signore. _____. Su quale _____ ha prenotato?
MASSIMO	Genova–Cagliari. Ecco il _____.
IMPIEGATO	Va bene. Allora, ci sono _____ liberi. Quale preferisce, il corridoio o il _____?
MASSIMO	Prendo il finestrino.
IMPIEGATO	_____. Ha bagaglio?
MASSIMO	Solo _____.
IMPIEGATO	Va bene. Ecco a Lei _____. Il volo è in orario, parte alle sedici e trenta. Può accomodarsi nella _____.
MASSIMO	Grazie.
IMPIEGATO	A Lei. E _____!

H. Le vacanze disastrose!   Enrica è molto scontenta di come suo marito Gianluca ha organizzato le vacanze. Ora sta raccontando tutto ad una sua amica. Ascoltare bene quel che dice, e poi indicare come avrebbe voluto passare le vacanze Enrica, scrivendo un cerchio (*circle*) intorno alle sue preferenze.

Come preferisce passare le vacanze Enrica?

al campeggio	in albergo
al mare	in montagna
spendere molto	spendere poco
prendere il sole	fare lunghe passeggiate
da soli	con amici

I. Vacanze in Sardegna.   Ascoltare la seguente pubblicità per le vacanze in Sardegna. Poi scrivere una **X** accanto alle cose che sono menzionate nella pubblicità. Forse sarà necessario ascoltare la pubblicità più di una volta.

_____ piscina	_____ negozi esclusivi
_____ campo da golf	_____ spiagge incantevoli
_____ discoteca	_____ camere lussuose
_____ campi da tennis	_____ barca a vela
_____ attività per tutti	_____ jacuzzi
_____ cinema	_____ biciclette a noleggio

INCONTRI

The **Incontri** conversations will first be read without pauses. Pay close attention to the speakers' intonation and pronunciation. The conversation will then be read a second time with pauses. Listen carefully and repeat what you hear, imitating the speakers' pronunciation patterns.

A. **Che facciamo di bello stasera?,** text pages 369–370.
B. **Andiamo al concerto!,** text pages 378–379.
C. **Che giornataccia!,** text page 385.
D. **Andiamo a ballare!,** text page 392.

ATTIVITÀ PER LA COMPRENSIONE

A. **Un mestiere artistico.**   Le seguenti persone esercitano una professione artistica. Ascoltare bene quel che dice ciascuna persona riguarda la sua professione, e poi sottolineare (*underline*) il mestiere giusto.

1. Marco lavora

   a. in teatro   b. in discoteca   c. in TV

2. Annabella scrive

   a. poesie   b. recensioni   c. drammi

3. Ugo suona

   a. la batteria   b. il flauto   c. la chitarra

4. Francesca fa

   a. l'attrice   b. l'architetto   c. la ballerina

B. Come'era... ? Luisa ha passato dei giorni difficili. Ascoltare quel che racconta, facendo attenzione alle parole che sono modificate con suffissi. Poi indicare se le seguenti cose erano brutte, piccole o grandi.

1. ...la settimana? _____

2. ...il gatto? _____

3. ...il suo voto all'esame? _____

4. ...lo zaino? _____

5. ...i disegni di Topolino? _____

6. ...il ragazzo sull'autobus? _____

C. Se fossi... Sentirai cinque frasi incompiute. Completare ciascuna frase in maniera logica, mettendo la lettera del complemento giusto.

1. _____   a. saprei suonare uno strumento musicale.

2. _____   b. scriverei libri molto interessanti.

3. _____   c. lavorerei in un grande ospedale e avrei molti pazienti.

4. _____   d. farei film molto belli e vivrei a Hollywood.

5. _____   e. costruirei edifici alti e moderni.

D. Cosa facciamo di bello? Ascoltare la seguente conversazione tra due amici che discutono su che cosa fare stasera. Poi abbinare il nome della persona con quel che fa o vuole fare stasera.

1. Isabella   a. ballare in discoteca

2. Rosario   b. prendere un gelato

3. Manuela   c. mangiare una pizza

4. Silvana   d. passeggiare in riva al mare

5. Alessandro   e. andare a teatro

E. Un padre "all'antica"... Il signor Giuliani è preoccupato; sta parlando con un amico di cosa vorrebbe che sua figlia facesse. Ascoltare quel che dice e indicare poi se le seguenti frasi sono vere (**V**) o false (**F**).

1. _____ Vuole che la figlia diventi attrice.

2. _____ Vuole che la figlia lavori con lui nel suo studio.

3. _____ Vuole che la figlia abiti in un appartamento.

4. _____ Vuole che la figlia viaggi per il mondo.

5. _____ Vuole che la figlia trovi un marito.

6. _____ Vuole che la figlia abbia la sua libertà.

F.   Andiamo al cinema.   Roberto e Sandra vogliono andare al cinema stasera. Non sanno cosa vedere, così Sandra telefona al numero del Telecom per sentire cosa danno nei cinema. Mentre ascolti, scrivere degli appunti riempendo le schede.

CINEMA: _____

FILM: _____

REGISTA: _____

ORA SPETTACOLI: _____

CINEMA: _____

FILM: _____

REGISTA: _____

ORA SPETTACOLI: _____

CINEMA: _____

FILM: _____

REGISTA: _____

ORA SPETTACOLI: _____

CINEMA: _____

FILM: _____

REGISTA: _____

ORA SPETTACOLI: _____

UNITÀ 11

INCONTRI

The **Incontri** conversations will first be read without pauses. Pay close attention to the speakers' intonation and pronunciation. The conversation will then be read a second time with pauses. Listen carefully and repeat what you hear, imitating the speakers' pronunciation patterns.

A. **Una relazione di letteratura,** text pages 404–405.
B. **Chi si vede!,** text page 413.
C. **All'edicola,** text page 420.
D. **Una lite davanti alla TV,** text pages 426–427.

ATTIVITÀ PER LA COMPRENSIONE

A.   La presentazione orale.   Giovanni e Susanna devono fare una relazione sulla letteratura
per la loro classe d'italiano. Ascoltare bene la loro conversazione e riempire le schede di appunti.

Elsa Morante: nacque a _____

nel _____

morì a _____

nel _____

Opere: _____

Data di pubblicazione: _____

Data di pubblicazione: _____

Caratteristiche: _____

Italo Calvino: nacque in _____

nel _____

morì a _____

nel _____

Opere: _____

Data di pubblicazione: _____

Data di pubblicazione: _____

Caratteristiche: _____

B. Buona lettura! Gregorio vuole comprare dei libri come regali per i suoi parenti. Ascoltare bene la conversazione fra Gregorio e la sua amica Anna. Sono alla libreria Magna Carta. Poi abbinare il/la parente con il libro che Gregorio sceglie per lui o lei, scrivendo la lettera appropriata accanto al nome.

1. _____ sua nonna
2. _____ Marco
3. _____ zia Angelina
4. _____ Robertino
5. _____ suo padre

a. *Topolino e amici*
b. un romanzo di Dacia Maraini
c. un libro sul periodo del dopoguerra
d. *Le ville del Veneto*
e. un libro di Vattimo

C. Una poesia di Lorenzo de' Medici. Ascoltare bene la seguente poesia di Lorenzo de' Medici e poi riordinare le seguenti parole per formare i quattro versi. Forse sarà necessario ascoltare la poesia più di una volta.

Che	non	certezza!	bella
lieto,	vuol	sia!	Di
Chi	si fugge	essere	giovinezza,
tuttavia,	doman	c'è	Quant'è

_____

_____

_____

_____

D. Il giornale-radio. Ascoltare le seguenti notizie radiofoniche. Indicare con una **X** gli argomenti che sono riportati.

_____ il maltempo

_____ l'inflazione

_____ incidente stradale

_____ disoccupazione

_____ vince la Fiorentina

_____ problema "ozono"

_____ uno sciopero dei treni

_____ nuove elezioni

E. Una notizia bomba! Laura torna a casa e chiede al marito se ha visto il telegiornale. Lei vuole sapere le notizie. Ascoltare la loro conversazione, e poi indicare con una **X** quali delle notizie qui elencate sono state riportate.

_____ la CEE combatte il terrorismo

_____ il governo ridurrà le tasse

_____ verrà tempo bello

_____ hanno superato la crisi

_____ l'inflazione si è abbassata

_____ la disoccupazione è in calo

_____ la Juve ha perso contro l'Inter

_____ fiasco a Londra per Pavarotti

F. La relazione.   Annamaria presenta alla sua classe una relazione sul Rinascimento.
Ascoltare la sua presentazione e prendere appunti. Poi rispondere alle seguenti domande con frasi
complete, basandosi sulle informazioni presentate. Leggere le domande prima di cominciare.

1. Perché è importante il periodo del Rinascimento?

_____

2. Chi sono i due architetti che diedero una nuova impronta alle città?

_____

3. Chi sono due artisti importanti del Rinascimento?

_____

4. Chi fu un poeta e anche capo di stato?

_____

5. Quale città è chiamata "la culla del Rinascimento"?

_____

6. Qual era la moneta più importante in tutta l'Europa durante il Rinascimento?

_____

INCONTRI

The **Incontri** conversations will first be read without pauses. Pay close attention to the speakers' intonation and pronunciation. The conversation will then be read a second time with pauses. Listen carefully and repeat what you hear, imitating the speakers' pronunciation patterns.

A. **Un dibattito tra amici,** text page 443.
B. **Due mondi a confronto,** text pages 450–451.
C. **Quanti stereotipi!,** text pages 457–458.
D. **Un brindisi al futuro!,** text page 463.

ATTIVITÀ PER LA COMPRENSIONE

A. Il futuro politico.   Quando i candidati ad un ufficio pubblico parlano al pubblico, fanno delle promesse. Scrivere tre promesse tipiche dei candidati. Poi ascoltare il discorso che fa una candidata prima delle elezioni. Indicare con una **X** solo le cose che lei promette di fare.

_____

_____

_____

_____ ridurre le tasse

_____ migliorare le scuole

_____ creare più posti di lavoro per tutti

_____ combattere il problema della droga

_____ provvedere ai vecchi e ai bambini con più assistenza sociale

_____ migliorare i mezzi pubblici

_____ includere più donne nel governo

B. Due mondi a confronto. Due cugini stanno paragonando la vita degli studenti negli Stati Uniti con quella degli studenti italiani. Gina è americana e Carlo è italiano. Ascoltare la loro conversazione e scrivere **USA** accanto alle affermazioni che riguardano la vita americana e una **I** accanto a quelle che riguardano la vita italiana.

_____ scrivere una tesi

_____ vivere nel campus

_____ dare esami orali

_____ abitare con i genitori

_____ lavorare part-time

_____ frequentare il liceo fino a 19 anni

_____ partecipare ad attività organizzate dall'università

C. Parla il Presidente. Il Presidente del Consiglio sta parlando ai giornalisti ad una conferenza stampa (_press conference_). Lui sta elencando i maggiori problemi che la società italiana deve affrontare. Mettere un numero accanto ai problemi elencati sotto nell'ordine in cui il Presidente li considera.

_____ la crisi di governo _____ la droga

_____ la disoccupazione _____ l'immigrazione di extracomunitari

_____ l'inquinamento _____ mantenimento dei beni culturali

D. Cruciverba. Ascoltare i seguenti indizi (*clues*) e scegliere la risposta giusta dalle parole date. Inserire le parole nella cruciverba.

votare   CEE   partito   elezione
governo   potere   verdi

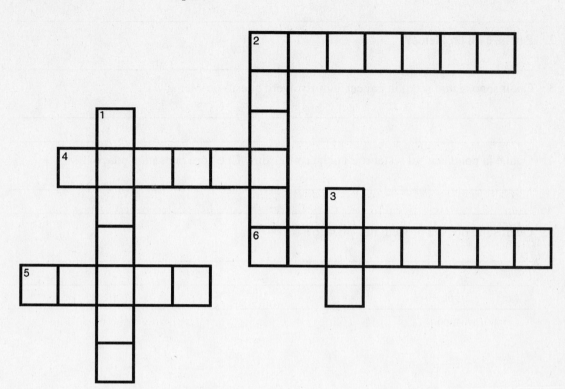

E. Intervista col Sindaco.   Prima di ascoltare la seguente intervista con un sindaco di una piccola città italiana, leggere le domande. Prendere appunti mentre ascolti. Poi rispondere alle domande con frasi complete.

1. Secondo il sindaco, qual è il problema più grande nella sua città?

   _____

2. Perché è un problema?

   _____

3. Quali sono alcuni modi in cui cerca di risolvere questo problema?

   _____

   _____

4. Qual è la polemica sul restauro di palazzo Martini? Che cosa pensa il sindaco?

   _____

   _____

5. Quali sono due dei progetti del sindaco?

   _____

   _____

   _____

Workbook Answer Key

UNITÀ PRELIMINARE

A. 1. c 2. a 3. b 4. a 5. c

B. *Answers may vary. For example:* 1. Ciao!; Mi chiamo... ; Piacere / Molto piacere; Sono di..., e tu? 2. Buongiorno; Mi chiamo... ; Molto lieto/a / Molto piacere; Sono di..., e Lei?

C. 1. Come sta, professore/professoressa? 2. Come stai? 3. Benone, grazie! 4. Non sto bene. 5. Ciao! Ci vediamo! 6. ArrivederLa, signore. 7. A presto! / Alla prossima!

D. *Answers will vary. For example:* 1. Ciao, Anna! / Ciao, Stefano! Come stai? / Bene, Anna. E tu? / Benone, grazie. / Ciao, Anna! / Ciao, Stefano. Ci vediamo! 2. Buongiorno, signora Manin! / Buongiorno, signor Arbore! Come sta? / Molto bene, grazie. E Lei? / Abbastanza bene, grazie. / ArrivederLa, signora. / ArrivederLa, signor Arbore. Ci vediamo.

E. *Answers will vary.*

F. *Answers will vary.*

G. ventidue; trentatré; sessantasei; cinquanta; trentanove; ottantacinque; diciotto. Vulcano = Vesuvio

H. 1. informale (tu) 2. informale (Ciao) 3. formale (è/Lei) 4. informale (Ciao) 5. formale (si chiama/ Lei/signora) 6. informale (sei) 7. formale (La/ ingegnere) 8. formale (sta)

I. 1. Ciao, Paolo, come stai? Non c'è male, e tu? Così, così. A presto, Paolo. Ciao! Ci vediamo. 2. Mi chiamo Antonella Visoni. E Lei? Io sono Augusto Forino. Piacere, signora. Molto lieta. Di dov'è Lei? Sono di Torino.

J. *Answers will vary.*

K. settanta, grazie, benone, acca, ics, nove, tu, piacere, Lei, tre, salve, zero, Ciao!, dottore. Arrivederci!

UNITÀ 1

Vocabolario e grammatica

A. 1. città 2. vulcano 3. isola 4. catena di montagne 5. lago 6. penisola 7. mare 8. fiume

B. 1. (f.) una 2. (m.) un 3. (m.) un 4. (f.) una 5. (m.) uno 6. (f.) una 7. (m.) un 8. (f.) una 9. (m.) un 10. (m.) uno 11. (m.) un 12. (f.) un'

C. una; una; un; un; un'; uno; un; un; una

D. 1. in un museo 2. in una strada/via 3. in una torre 4. in una guida turistica 5. in una chiesa 6. in una fontana

E. 1. è 2. sono 3. sei 4. sono 5. siete 6. siamo 7. sono 8. è

F. 1. il, il, il, l' 2. la, il, l', lo 3. il, la, la, il 4. il, la, la, lo 5. l', il, la, il

G. *Answers will vary.*

H. 1. febbraio 2. l'estate 3. settembre 4. la primavera 5. l'inverno 6. dicembre 7. luglio 8. l'autunno

I. 1. Hanno un computer? Sì, hanno un computer. / No, non hanno un computer. 2. Abbiamo una lezione oggi? Sì, abbiamo una lezione oggi. 3. Il professore ha un appartamento in centro? Sì, ha un appartamento in centro. 4. Ha un momento? Sì, ho un momento. 5. Avete una motocicletta? Sì, abbiamo una motocicletta.

J. 1. ha fame, ha sete 2. ha freddo, ha caldo 3. ha paura, ha sonno 4. ha ragione, ha torto

K. con; a; in; a; di; lontano da; In; in; a; per

L. *Answers will vary.*

M. *Answers will vary.*

N. 1. Ho la lezione d'italiano... (il lunedì, il mercoledì e il venerdì) 2. Studio in biblioteca... 3. Lavoro... 4. Mangio alla mensa... 5. Parlo con la mamma... 6. Compro una pizza... 7. Guardo il programma...

Pratica comunicativa

A. 1. Gli Appennini sono una catena di montagne.
2. La Toscana è una regione. 3. L'Etna è un vulcano.
4. Venezia è una città. 5. Il Tevere è un fiume. 6. La
Sicilia è un'isola / una regione. 7. L'Adriatico è un
mare. 8. Il Piemonte è una regione.

B. *Answers will vary.*

C. 1. a 2. a 3. b 4. a 5. b 6. c

D. *Answers will vary. For example:* Mi chiamo...
Piacere! / Sì, è la prima volta. / Oggi pomeriggio visito
il Colosseo. Domani ho voglia di visitare... / ho caldo,
sete / Sì, ho voglia di una Cocacola e di una pizza. /
Andiamo!

E. *Answers will vary.*

F. *Answers will vary.*

G. 1. Riccardo Martini, 25, Torino, dentista
2. Alessandro Sabbatucci, 23, Bari, ingegnere;
Giacomina Muti, 35, Roma, professoressa; Lorenzo
Rossi, 64, Firenze, avvocato; Anna Di Grazia, 19,
Palermo, studentessa

UNITÀ 2

Vocabolario e grammatica

A. 1. la matita, la penna 2. il gesso 3. l'orologio
4. il professore/la professoressa 5. gli appunti 6. la
porta 7. lo zaino; la cartella 8. Il banco; la cattedra

B. 1. Alberto, vedi la lavagna? Sì, vedo... / No, non
vedo... 2. Valeria, segui un corso di storia medievale?
Sì, seguo... / No, non seguo... 3. Dottor Anciello,
preferisce il tè o il caffè? Preferisco... 4. Paola e
Fabiano, partite per le vacanze? Sì, partiamo... / No,
non partiamo... 5. Professoressa, capisce il problema?
Sì, capisco... / Non, non capisco...

C. 1. leggono; scrivono; chiede; preferisce;
rispondono 2. riceve; Apre; legge; finisce; risponde;
spedisce 3. viviamo; pulisco; metto; leggiamo;
sentiamo; dormo

D. *Answers will vary. For example:* Il bambino
cresce rapidamente.

E. 1. Sono le otto e un quarto (e quindici). 2. È
l'una e mezzo (e trenta). 3. Sono le venti e trentotto
(le otto e trentotto). 4. È mezzogiorno (mezzanotte).
5. Sono le sette meno cinque. 6. Sono le quattro
meno undici (le tre e quarantanove).

F. *Answers will vary.*

G. 1. le scuole, i licei e le università 2. i giorni, i
mesi e gli anni 3. le finestre, le porte e gli orologi
4. i televisori, i videoregistratori e i computer 5. le
mense, le palestre e le biblioteche 6. i teatri, i parchi
e gli stadi 7. i corsi, le classi e le lezioni 8. i
ristoranti, i bar e i cinema 9. le isole, i laghi e le
montagne 10. gli zaini, i quaderni e i libri

H. 1. Le amiche capiscono i problemi. 2. Gli
avvocati parlano con le signore. 3. I signori cercano i
dischetti. 4. Gli studenti scrivono le tesi. 5. Gli
amici puliscono le stanze. 6. I professori insegnano
le lezioni.

I. 1. la medicina; la biologia 2. la legge; la
giurisprudenza 3. le lettere classiche 4. l'architettura
5. la matematica 6. le scienze politiche

J. 1. difficili 2. nuove 3. bassi 4. antipatico
5. povera 6. triste 7. noiosi 8. cattivi

K. 1. Seguo un corso interessante all'università.
2. C'è un bravo professore che si chiama Enzo Pollini.
3. Ci sono molti studenti simpatici nella classe. 4. Ci
sono due ragazze tedesche che si chiamano Eva e
Heidi. 5. Dopo la lezione c'è un piccolo gruppo di
discussione. 6. La lezione è in una grande aula.

L. 1. la mia calcolatrice, la mia agenda, le mie
matite, i miei fogli 2. il suo orologio, la sua racchetta,
le sue penne, i suoi libri 3. il vostro ombrello, la
vostra macchina da scrivere, il vostro computer, le
vostre fotografie 4. il loro televisore, la loro
bicicletta, i loro amici

M. 1. c 2. a 3. a 4. c 5. b 6. c

N. 1. vado 2. vengono 3. state 4. dà 5. usciamo /
andiamo 6. vai / vieni 7. esce 8. vanno

O. 1. Ti piacciono gli spaghetti? Sì, mi piacciono. /
No, non mi piacciono. 2. Ti piace l'arte? Sì, mi piace.
/ No, non mi piace. 3. Ti piace la mia bicicletta? Sì,
mi piace. / No, non mi piace. 4. Ti piacciono le
lezioni alle otto? Sì, mi piacciono. / No, non mi
piacciono. 5. Ti piacciono i film lunghi? Sì, mi
piacciono. / No, non mi piacciono. 6. Ti piace
l'italiano? Sì, mi piace. / No, non mi piace.

P. 1. Gli piace l'intervallo. 2. Gli piacciono i buoni
alunni. 3. Le piace la scuola materna. 4. Vi
piacciono le automobili giapponesi. 5. Le piace la
Sua camera. 6. Gli piace viaggiare. 7. Mi piace il
sabato. 8. Ci piace imparare una lingua straniera.

Pratica comunicativa

A. 1. a 2. b 3. a 4. c 5. a 6. b

B. *Answers will vary.*

C. *Answers will vary.*

D. *Answers will vary.*

E. *Answers will vary.*

F. *Answers will vary.*

G. Expressions: In bocca al lupo! Crepi! (response)

UNITÀ 3

Vocabolario e grammatica

A. 1. le mie cugine 2. mio zio 3. mia nonna 4. le mie zie 5. mio nonno 6. mio cognato 7. i miei nipotini 8. mia nuora

B. 1. Sì, i suoi cugini vivono a Perugia. 2. Sì, la loro zia si chiama Marina. 3. Sì, suo suocero è simpatico. 4. Sì, i nostri nonni vengono quest'estate. 5. Sì, la sua mamma lavora in banca. 6. Sì, il loro figlio frequenta l'asilo.

C. 1. Chi 2. Dove 3. Come mai 4. Quale 5. Quanto 6. Dove 7. Che cosa 8. Quando *Answers will vary for second part of activity.*

D. 1. Chi telefona tutte le sere? 2. Quando vieni (viene) a casa mia? 3. Perché ti chiami (si chiama) Sergio? 4. Che cosa studi (studia) all'università? 5. Quanto costa? 6. Con chi vai (va) al cinema? 7. Di dove sei (è)? 8. Quando vedi (vede) Michele?

E. 1. un letto 2. una lavagna 3. un giardino 4. il divano 5. una poltrona 6. i mobili 7. il WC

F. 1. bella, bei, bello, bell', bel 2. Quei, Quella, Quel, quegli 3. buon, buon', buono, buoni

G. 1. Le piace quel divano? No, preferisco questo. 2. Le piacciono quei quadri? No, preferisco questi. 3. Le piace quell'armadio? No, preferisco questo. 4. Le piacciono quelle sedie? No, preferisco queste. 5. Le piace quella tavola? No, preferisco questa. 6. Le piacciono quegli scaffali? No, preferisco questi.

H. *Answers will vary. For example:* 1. Fa freddo. C'è la neve. 2. Fa fresco. Tira vento. 3. Fa molto caldo. Fa bello. 4. Fa fresco. C'è il sole.

I. *Answers will vary.*

J. 1. può, deve 2. vogliamo, dobbiamo 3. devono 4. potete, dovete, volete 5. può, Deve 6. dobbiamo

K. *Answers will vary. For example:* Luca e Stefania fanno programmi per il loro matrimonio.

L. 1. Compro un giornale all'edicola. 2. Prendo un treno alla stazione. 3. Imbuco una lettera all'ufficio postale. 4. Compro sigarette alla tabaccheria. 5. Vedo un film al cinema. 6. Cambio dollari americani in banca. 7. Compro medicine alla farmacia. 8. Studio e uso l'enciclopedia in biblioteca.

M. 1. Dello; Dei; Degli; Del; Di 2. Nello; Nel; Nell'; In 3. Ai; Alla; Allo; All' 4. Dalla; Dal; Dall' 5. sullo; sul; sul 6. Con; Con

Pratica comunicativa

A. 1. a 2. b 3. a 4. b 5. c

B. *Answers will vary.*

C. *Answers will vary. For example:* Come si chiama Lei?; Dove posso imbucare una lettera? / Dov'è l'ufficio postale?; A che ora apre?; Come posso andare in centro?; Quanto costa l'autobus?; Dove posso comprare il biglietto?; Vuole venire in centro con me?; Perché (non può)?

D. *Answers will vary.*

E. *Answers will vary.*

F. 1. a 2. b 3. b 4. c 5. a

G. *Orizontale:* 7. ricevimento 8. nuora 9. stadio 10. può 11. cane 12. uomini 13. scala 16. piazza 18. belle 19. orologio *Verticale:* 1. duomo 2. traslocare 3. scia 4. dico 5. fermata 6. stile 8. nipote 14. caro 15. anno 17. zio

UNITÀ 4

Vocabolario e grammatica

A. 1. L'uva non è un tipo di carne; è una frutta. 2. Il melone non è una verdura; è una frutta. 3. Il pollo non è una persona (che vende cose da mangiare); è un tipo di carne. 4. La bancarella non è una cosa da mangiare; è un luogo. 5. Il latte non è una frutta; è una cosa da bere. 6. L'agnello non è una verdura; è un tipo di carne.

B. 1. Che cosa hai fatto ieri sera? Sono andato/a ad una festa.   2. A che ora sei uscito/a? Sono uscito/a alle sette e mezzo.   3. Come sei arrivato/a alla festa? Sono andato/a con l'autobus.   4. Chi hai visto alla festa? Ho visto Marco e Anna.   5. Che cosa hai fatto alla festa? Ho ballato e ho parlato con gli amici. 6. Fino a che ora sei rimasto/a là? Sono tornato/a a casa a mezzanotte.

C. è uscita, È andata, ha comprato, ha scelto, ha dimenticato, Ha preso, è tornata, Ha preparato, hanno mangiato, hanno parlato

D. *Answers will vary. For example:*   1. Paolo è entrato nella sua stanza. È tornato dalle lezioni. Ha messo i libri sulla tavola.   2. Paolo ha guardato la televisione. Ha bevuto una Cocacola.   3. Paolo ha voluto qualcosa da mangiare. Ha ordinato una pizza. 4. Ha aperto la porta. Ha pagato la pizza.   5. Ha mangiato la pizza. Ha parlato al telefono con la sua ragazza.   6. Ha preso il suo libro d'italiano. Ha scritto il compito.

E. 1. tremilacinquecento, duemiladuecento 2. millenovecentotrentuno, millenovecentocinquanta-quattro   3. due milioni e duecentomila, un milione e cinquecentomila   4. cinquecentottantatré, seicento-venti   5. cinquantotto milioni, tre milioni   6. quattro-mila, duemilacinquecento, seimilacinquecento

F. 1. costoso   2. contanti   3. cassiera   4. portafoglio 5. pesare   6. scontrino   7. affare   8. incassare

G. *Answers will vary. For example:* C'è una signora in un negozio. Compra alcune cose da mangiare. Paga con...

H. 1. Mi puoi prestare dei soldi?   2. Vorrei del prosciutto e dei grissini, per piacere.   3. Ho invitato degli amici a casa.   4. Mi servono delle banconote. 5. Vuoi dello zucchero?   6. Ho comprato delle matite e della carta.   7. I signori prendono del vitello con delle patate.

I. 1. Ne voglio due etti.   2. Ne desidero mezzo chilo. 3. Sì, ne ho bisogno.   4. Sì, ne prendo un po'.   5. Ne voglio solo uno.   6. Sì, ne desidero un chilo.   7. No, non ne ho.

J. 1. Possiamo guardare la merce di un negozio nella vetrina.   2. Per il compleanno di un amico, spediamo un biglietto di auguri.   3. Possiamo comprare il sapone in una profumeria.   4. Il commesso è la persona che vende i prodotti.   5. Un prodotto che si vende a prezzo speciale è in offerta.   6. Colgate e Meladent sono due dentifrici.

K. 1. Sì, lo guardiamo. / No, non lo guardiamo. 2. Sì, la studiamo. / No, non la studiamo.   3. Sì, li capisco. / No, non li capisco.   4. Sì, lo voglio. / No, non lo voglio.   5. Sì, le preferiamo. / No, non le preferiamo.   6. Sì, lo paghi/paga. / No, non lo paghi/ paga.   7. Sì, la mangio. / No, non la mangio.   8. Sì, le ordinate. / No, non le ordinate.

L. *Answers will vary. For example:*   1. Sì, ci vado spesso. / No, non ci vado mai.   2. Sì, ho voglia di andarci. / No, non ho voglia di andarci.   3. Sì, ci vado spesso. / No, non ci vado mai.   4. Sì, ci sono stata una volta. / No, non ci sono mai stato/a.   5. Sì, mi piace studiarci. / No, non mi piace studiarci.   6. Sì, ci vado una volta la settimana. / No, non ci vado mai.   7. Sì, ci mangio sempre. / No, non ci mangio mai.

M. 1. Li posso comprare / Posso comprarli alla farmacia.   2. Le posso comprare / Posso comprarle alla polleria.   3. Ne posso comprare / Posso comprarne alla salumeria.   4. Li posso comprare / Posso comprarli alla tabaccheria.   5. Le posso trovare / Posso trovarle al mercato all'aperto.   6. La posso comprare / Posso comprarla alla macelleria.   7. Lo posso prendere / Posso prenderlo alla gelateria.

N. 1. Chi ha scritto la lettera? Caterina l'ha scritta. 2. Chi ha visto le fotografie? Gli amici le hanno viste. 3. Chi ha comprato i quaderni? Roberto li ha comprati. 4. Chi ha fatto i compiti? Noi li abbiamo fatti.   5. Chi ha preso la banconota da 10.000 lire? Patrizia l'ha presa.   6. Chi ha mangiato le melanzane? Io le ho mangiate.

Pratica comunicativa

A. 1. f   2. b   3. e   4. d   5. c   6. a   7. g

B. 7, 13, 4, 1, 11, 12, 9, 6, 8, 2, 10, 5, 3

C. *Answers will vary.*

D. *Answers will vary.*

E. *Answers will vary.*

F. *Answers may vary.*   1. I prodotti Vitamol combattono la cellulite.   2. Sono in vendita presso le profumerie.   3. Un flacone di olio per massaggio viene 39.200 lire. Un flacone di bagno schiuma costa 22.300 lire.   4. Il set completo costa 45.000 lire. 5. Paga 127.800 lire in tutto.   6. Pesano 650 ml insieme.

G. *Proverb:* Chi ride il venerdì piange la domenica.

UNITÀ 5

Vocabolario e grammatica

A. *Answers may vary.* 1. Sono due giovani turisti americani. Sono seduti al tavolino di un caffè. 2. Hanno ordinato una Cocacola con ghiaccio, un cappuccino e un panino. 3. Il barista fa il caffè per i clienti. 4. Al banco ci sono un signore e una signora che parlano e una giovane. 5. Il signore prende un espresso, la signora prende un tè freddo e la giovane sceglie un panino.

B. 1. al tavolino 2. banco 3. la prima colazione 4. liscia 5. dolce 6. un aperitivo 7. caffè lungo, all'americana 8. caffè macchiato

C. 1. Le dico "Crepi!" 2. Gli dico (Dico loro) "Buon viaggio!" 3. Le dico "ArrivederLa, signora!" 4. Ti dico "Benvenuto/a!" 5. Gli dico (Dico loro) "Prego!" 6. Vi dico "Benone!" 7. Gli dico (Dico loro) "Scusate il ritardo!" 8. Gli dico "Buon appetito!"

D. 1. mi 2. gli 3. Gli 4. Le, le 5. ci 6. mi 7. Le 8. Gli

E. 6, 7, 2, 8, 4, 3, 1, 5

F. 1. Ve li ha mandati. 2. Me ne ha parlato. 3. Gliel'ho offerto. 4. Te le porto subito. 5. L'ho fatta loro.

G. 1. Sì, te la do volentieri. 2. Sì, ve le preparo volentieri. 3. Sì, gliela faccio volentieri. 4. Sì, te lo do volentieri. 5. Sì, ve la presto volentieri. 6. Sì, gliela regalo volentieri. 7. Sì, glielo offro (lo offro loro) volentieri. 8. Sì, gliela scrivo volentieri. 9. Sì, te li prendo volentieri. 10. Sì, ve lo porto volentieri.

H. 1. d 2. g 3. h 4. e 5. a 6. c 7. b 8. f

I. 1. facilmente 2. normalmente 3. sicuramente 4. regolarmente 5. stranamente 6. gentilmente 7. attentamente 8. brevemente. *Sentences will vary.*

J. 1. Giuseppe parla bene l'inglese. 2. Vado spesso al mare durante l'estate. 3. I suoi studenti sono molto bravi. 4. Non ho mai assaggiato il pesto. 5. Giuseppina sa leggere perfettamente il giapponese. 6. Ho sempre vissuto a Genova.

K. 1. sapere, so, sai, conosce 2. ho conosciuto, sapere, sapere, conosco, conoscono 3. sappiamo, conosci, ho conosciuto

L. *Answers may vary.* 1. ricetta: le altre sono condimenti 2. forno: le altre sono posate 3. aglio: le altre sono cose da mettere sul tavolo 4. aceto: le altre contengono liquidi 5. In bocca al lupo!: le altre espressioni si dicono quando si mangia 6. insegnare: le altre sono modi di cucinare

M. 1. Non si ascolta la radio. 2. Non si bevono gli alcolici. 3. Non si dicono le parole cattive. 4. Non si toccano le sculture. 5. Non si parla inglese.

N. *Answers will vary. For example:* In un bar americano si prende la birra. In un bar italiano si prende il caffè.

Pratica comunicativa

A. 1. b 2. c 3. a 4. b 5. a 6. a

B. Antipasti: calamari sott'olio, bruschetta, prosciutto crudo di Parma, antipasto misto. Primi piatti: lasagne al forno, risotto ai funghi del bosco, minestrone "alla nonna", spaghetti alla carbonara. Secondi piatti: vitello tonnato, petto di pollo alla griglia, bistecca alla fiorentina, pescespada con capperi. Contorni: broccoli al burro, patate lesse con erbe, spinaci, insalata mista.

C. *Answers will vary.*

D. *Answers will vary.*

E. *Answers will vary.*

F. *Answers will vary.*

G. lupi, mancia, zucchero, acquolina, spumante, bene, buttare, sanno, pesto, cuoca, barista, cugini, cucina, stanca, pera, lunghi, pasto. Buon appetito.

UNITÀ 6

Vocabolario e grammatica

A. 1. la raccolta 2. rilassante 3. disegnare 4. gli scacchi 5. un cacciatore 6. collezionare 7. dall'antiquario 8. un quadro

B. *Answers will vary.*

C. 1. Io guardavo la televisione mentre lei faceva i compiti. 2. Mio padre leggeva l'articolo mentre noi ascoltavamo. 3. Voi preparavate la cena mentre io bevevo un aperitivo. 4. Noi eravamo al lavoro mentre loro rimanevano a casa. 5. I genitori aspettavano mentre la loro figlia era fuori. 6. Noi giocavamo a carte mentre tu parlavi al telefono.

D. *Answers will vary.*

E. 1. la pallacanestro   2. il tennis   3. il nuoto   4. il pattinaggio   5. lo sci   6. il ciclismo   7. fare i pesi

F. *Answers will vary. For example:*   1. La squadra sta giocando a calcio. L'allenatore sta parlando ai giocatori. Un giocatore sta correndo, ecc.

G. 1. ...sta vincendo!   2. Stanno guardando... 3. ...stai facendo?   4. Sto bevendo...   5. ...stanno facendo...   6. Noi stavamo correndo...   7. ...stavo dicendo?   8. ...stavi parlando...

H. *Answers will vary. For example:*   La maestra correggeva gli esami quando uno studente ha telefonato.

I. prendeva; tornava; doveva; giocavano; suonava; è entrato; è caduto; ha rotto; è venuto; ha detto; ha risposto; hai fatto; ha preso; è uscita; ha giocato

J. isola pedonale; passeggiare; vetrine; paesaggio; sentieri; alberi; scalare; rifugi

K. 1. Sei andata alla pasticceria? No, ma ci andrò domani.   2. Marco ha fatto i compiti? No, ma li farà domani.   3. Gli studenti hanno visto il film? No, ma lo vedranno domani.   4. Voi avete pagato il conto? No, ma lo pagheremo domani.   5. Grazia ha scritto la lettera? No, ma la scriverà domani.   6. Ho vinto la gara? No, ma la vincerai domani.

L. *Answers will vary. For example:*   1. Quando ho finito i compiti, guarderò la televisione e poi andrò a letto.   2. Giocherò a baseball questo fine-settimana. Farò anche del footing.   3. Uscirò con gli amici. Andremo ad una festa.   4. Durante l'estate, starò a casa. Sì, dovrò lavorare in un negozio.   5. Sì, durante l'estate parlerò italiano con mio nonno.   6. Finirò nel 2002. Cercherò un lavoro.

M. 1. Le vedrò al mare.   2. La vedrò al mare.   3. La vedrò in montagna.   4. Lo vedrò al mare.   5. Lo vedrò al mare.   6. Lo vedrò in montagna.   7. Lo vedrò in montagna e al mare.   8. La vedrò in montagna.

N. *Answers will vary. For example:*   1. C'è una ragazza su una sedia a sdraio. Prende il sole. Vicino a lei c'è un ombrellone. Nel mare ci sono molte onde e anche una barca a vela.   2. C'è un ragazzo in montagna. Ha uno zaino sulle spalle. Sta facendo un campeggio. Si vede anche una funivia.

O. 1. voi   2. me   3. lui   4. te   5. voi   6. me; te; lei

Pratica comunicativa

A. 1. e   2. b   3. d   4. f   5. a   6. c

B. *Answers will vary.*

C. *Answers will vary. For example:*   Mentre frequentavo il liceo, uscivo molto con gli amici. Andavamo spesso a giocare a biliardo.

D. *Answers will vary. For example:*   Un ragazzo e una ragazza si preparavano per scalare una montagna alta. Hanno messo dell'acqua e delle cose da mangiare negli zaini. Hanno portato anche una cartina.

E. *Answers will vary.*

F. 1. Il Verona è la squadra più forte. Ha guadagnato sessantatré punti.   2. La Pistoiese è la squadra meno forte. Hanno vinto solo sette partite.   3. La Chievo ha pareggiato venti volte.   4. Il Genoa ha segnato cinquantadue gol. È in posizione nove.   5. Verona, Bologna, Reggiana e Perugia andranno in serie A; F. Andria, Reggina, Ancona e Pistoiese retrocederanno in serie C.

G. 1. saprà   2. Cortina   3. scacchi   4. Gazzetta 5. zero   6. Padova   7. destra   8. stadio   9. anno 10. Milan   11. calcio   12. perdere   13. il binocolo 14. faceva   *Famous place in Venice:* Piazza San Marco

UNITÀ 7

Vocabolario e grammatica

A. 1. la testa   2. l'occhio   3. il naso   4. la bocca 5. il collo *or* la gola   6. il dito   7. lo stomaco   8. il ginocchio   9. la gamba   10. il piede   11. la mano 12. il braccio   13. il torso   14. la spalla   15. i capelli

B. 1. lavarsi i denti   2. misurarsi la temperatura 3. ammalarsi   4. il raffreddore   5. spogliarsi   6. le dita   7. la febbre   8. pettinarsi

C. 1. La nonna non si annoia mai.   2. Gli studenti si lamentano del cibo alla mensa.   3. Noi ci sediamo vicino alla finestra.   4. Anna si trucca mentre Pino si veste.   5. Come ti chiami tu?   6. Tu e Mario vi preoccupate per niente!   7. Noi non ci arrabbiamo facilmente.   8. Tutti si divertono nella classe d'italiano.

D. hanno invitato; sono tornati; si sono preparati; si è vestita; si è messa; si è pettinata; si è truccata; si è guardata; si è cambiato; si è fatto; si è lavato; uscivano; si è sentita; ha deciso

E. 1. Io e Giorgio ci telefoniamo spesso.   2. Anna e Luigi si sono innamorati.   3. I cani e i gatti si odiano.   4. Tu e tua sorella vi siete aiutati/e.   5. Io e Giulio ci conosciamo da anni.   6. Dove vi incontrate tu e Valeria?   7. Giulietta e Romeo si sono sposati.

F. *Answers will vary. For example:* Marcella porta una gonna lunga e una maglia. Porta gli stivali e un giubotto: fa freddo!

G. *Answers will vary.*

H. 1. che 2. come 3. degli 4. della 5. più 6. come 7. meno/più 8. quanto

I. *Answers will vary.*

J. 1. Paolo e Gino sono intelligentissimi. Sono i più intelligenti della scuola.   2. Questa chiesa è antichissima: è la chiesa più antica della città.   3. Fabio è velocissimo: è il più veloce della nostra squadra.   4. Queste maglie sono costosissime: sono le maglie più costose del negozio.   5. Donatella è molto ben vestita: è la meglio vestita delle mie amiche.   6. Questo negozio è buonissimo (ottimo): è il migliore negozio di via Montenapoleone.

K. 1. tessuti 2. commesso 3. fare acquisti 4. tinto unico 5. di lusso 6. cuoio 7. camerino 8. saldo

L. andrebbe; ballerebbe; preferirei; ci fermeremmo; discuteremmo; mangerebbero; dovremmo; starebbe; giocherebbe; sarebbe

M. *Answers will vary. For example:* Io e le mie sorelle vorremmo viaggiare di più. Barbara studierebbe una lingua straniera.

N. stilista; slanciate; dimagrire; osé; occhiali da sole; gioielli; a mano; guanti; seguire

O. 1. Pulite le vostre camere! Non fate rumore! Siate buoni!   2. Venga con me, signore. Si sieda nella poltrona. Mi dica come vuole i capelli.   3. Non dimenticare il mio compleanno! Comprami un bel regalo! Vai al negozio più elegante della città!

P. 1. Mangiala! 2. Mettitele! 3. Datemene! 4. Ci vada! 5. Me lo dia! 6. Non andarci! 7. Dagliela! 8. Non dimenticateli!

Pratica comunicativa

A. 8, 7, 2, 9, 4, 1, 5, 6, 3

B. *Answers will vary. For example:* Come stai oggi?; Bene, grazie. Perché sei qui oggi?; Hai la febbre?; Prendi queste pillole e sta' a casa per due giorni. / Come sta?; Che cosa ha?; Com'è la sua dieta?; Deve mangiare di meno, e mangi più verdure, insalate, ecc.; Lei fuma?; Smetta di fumare! Fa molto male alla salute.

C. 1. Il costume a righe multicolori costa più degli altri. Costa 150.000 lire.   2. Il costume con i sottili profili bianchi è il meno costoso di tutti. Costa 29.000 lire.   3. C'è un costume a righe e ci sono quattro con i fiori.   4. Il bikini che si può comprare a Belfe e Belfe è in tonalità calde e solari.   5. Ci sono sette bikini con i fiocchi ai fianchi dello slip.   6. Il bikini con i pesci e i fiori costa 97.000 lire.   7. Il costume con la fantasia bianca e blu si può comprare al Coin.

D. *Answers will vary.*

E. *Answers will vary.*

F. *Answers will vary.*

G. Giorgio: pantaloni verdi, scarpe rosse, occhiali da sole, Armani; Gianna: pantaloni azzurri, scarpe verdi, cappellino da baseball, Valentino; Gino: pantaloni rossi, scarpe gialle, orecchino, Dolce e Gabbana; Gilda: pantaloni gialli, scarpe azzurre, cintura, Hugo Boss.

UNITÀ 8

Vocabolario e grammatica

A. 1. dal dentista 2. dal medico 3. l'idraulico 4. il contadino 5. l'operaio 6. il ragioniere 7. il architetto 8. cantante

B. *Answers will vary.*

C. 1. impari 2. studiamo 3. chiamiate 4. pensi 5. sporchino 6. telefoni 7. decidiate 8. leggiamo 9. convincano 10. capisca

D. *Answers will vary.*

E. *Answers will vary. For example:* 1. ...apra alle otto e mezzo.   2. ...prepari i tortellini.   3. ...lavori in una banca.   4. ...costi trentamila lire.   5. ...studino inglese.   6. ...finisca alle dieci.   7. ...mangi un gelato.   8. ...preferiscano dormire in classe.

F. pendolare; piedi; fermata; usata (a seconda mano); patente; parcheggiare (posteggiare); passaggio

G. *Answers will vary.*

H. 1. siano 2. abbia 3. venga 4. esca 5. sia
6. siate 7. vadano 8. faccia 9. dobbiate
10. possano

I. *Answers will vary.*

J. 1. c 2. f 3. e 4. b 5. a 6. d

K. 1. possa 2. diventare 3. andare 4. abbia
5. essere 6. aspetta 7. perda 8. assuma 9. capisci
10. sapere

L. *Answers may vary.* 1. benché 2. purché 3. a
meno che non 4. perché 5. a patto/condizione che
6. prima che 7. di modo che/perché 8. a condizione/
patto che 9. nonostante che 10. Sebbene

M. *Answers will vary. For example:* 1. ...non mi
diano un aumento di stipendio. 2. ...i direttori ci
ascoltino. 3. ...l'economia sia in ripresa. 4. ...il
negozio sia a due passi. 5. ...lui non mi piaccia molto.
6. ...abbia soldi per uscire. 7. ...possa imparare dai
colleghi.

N. 1. inserzioni 2. ferie 3. fare carriera
4. colloquio di lavoro 5. licenziare 6. assume
7. curriculum

O. cui; Quello; che; che; cui; che

P. 1. Lo stadio in cui giochiamo a calcio è vicino a
casa nostra. 2. L'amico per cui ho comprato un regalo
si chiama Federico. 3. Quel signore che tu hai
incontrato ieri è il nostro medico di famiglia.
4. L'auto che ho comprato tre mesi fa consuma molta
benzina. 5. Voglio presentarti i miei amici di cui ti ho
parlato ieri. 6. La signora sta leggendo un libro che
sembra divertente. 7. Ieri sera ho visto il film che tu
mi hai raccomandato. 8. Ho conosciuto quella
signora i cui bambini frequentano la tua scuola.

Pratica comunicativa

A. 1. b 2. a 3. a 4. c 5. c

B. *Answers will vary.*

C. *Answers will vary.*

D. *Answers will vary.*

E. *Answers may vary. For example:* 1. Si chiamano
La BMW 525 tds diesel e la BMW 520i benzina.
2. Devo prenotare subito. Avrò la macchina entro
l'anno. 3. La fabbricano in Germania. Manderanno
12.000 in Italia. 4. È una macchina bellissima;
l'interno è lussuoso, ecc. 5. Piace ai giovani e anche
ai manager. 6. La 520i costa 64.500.000 e la 525 tds
costa 65.800.000 lire. L'equivalente in dollari
americani è più o meno quarantacinquemila dollari.
7. La velocità massima è 220 km/h (chilometri per
ora). 8. Mi interessa perché... / No, non mi interessa
perché...

F. *Answers will vary.*

G. Chi è amico di tutti non è amico di nessuno.

UNITÀ 9

Vocabolario e grammatica

A. 1. settimana bianca 2. le valigie 3. ferie; feriali
4. Epifania 5. fuochi d'artificio 6. sagra

B. 1. Pasqua 2. Carnevale 3. Capodanno
4. Thanksgiving (Ringraziamento) 5. Natale
6. Ferragosto

C. 1. era andata; ho cominciato 2. avevano salutato;
sono uscite 3. aveva scritto; avete incontrata
4. siamo arrivati; eravate andati 5. era incominciato;
ha comprato 6. abbiamo deciso; eri partito

D. L'anno scorso sono andato/a all'estero; non ero
mai andato/a all'estero prima. 2. L'anno scorso ho
vissuto alla casa dello studente; non avevo mai vissuto
alla casa dello studente prima. 3. L'anno scorso ho
preso un traghetto; non avevo mai preso un traghetto
prima. 4. L'anno scorso mi sono svegliato/a dopo
mezzogiorno. Non mi ero mai svegliato/a dopo
mezzogiorno prima. 5. L'anno scorso sono stato/a a
New York. Non ero mai stato/a a New York prima.
6. L'anno scorso ho fatto un campeggio. Non avevo
mai fatto un campeggio prima.

E. *Answers will vary. For example:* C'è un treno
nella stazione. Il treno è al binario numero undici. C'è
un facchino che porta i bagagli della signora. Quanto
pesano! (etc.)

F. 1. arrivasse 2. prendesse 3. partissimo
4. fosse 5. avessero 6. accompagnasse 7. dormiste
8. facessero 9. potessi 10. ci sbrigassimo

G. 1. ...che il treno partisse alle 11.00. 2. ...che i miei amici andassero in Sardegna. 3. ...che Angela aspettasse il treno al binario. 4. ...che i turisti fossero contenti del viaggio. 5. ...che tu dicessi tante bugie. 6. ...che voi arrivaste a mezzogiorno. 7. ...che i ragazzi spedissero cartoline agli amici. 8. ...che i nostri amici venissero a passare il weekend con noi.

H. destinazione; sconti; dépliant; disponibilità; auto a noleggio; mezza pensione; bassa

I. *Answers will vary. For example:* Ci sono due alberghi su una spiaggia. Il primo albergo è di lusso: a quattro stelle. È bellissimo, ma molto caro. C'è una bellissima piscina. Ci sono delle persone che giocano a tennis e tutti sono contenti. Il secondo albergo è economico ma non è elegante. C'è una persona che fa un campeggio. Non è contento nessuno in questo posto.

J. 1. sia andato 2. abbia prenotato 3. siano partiti 4. sia finita 5. abbiate comprato 6. abbia visto 7. abbiamo conosciuto 8. abbia preso

K. *Answers will vary. For example:* Mi dispiace molto che voi non mi abbiate invitato alla festa. 2. Che bello che i miei genitori mi abbiano portato un regalo dall'Italia! 3. Non sono contento/a che Daniele sia partito senza telefonarmi. 4. Mi sembra strano che tu non abbia risposto alla mia lettera. 5. Sono felice che tu e Simona vi siate divertiti ieri. 6. Sono arrabbiata che i miei fratelli abbiano dimenticato il mio compleanno.

L. 1. Oh! Ma io pensavo che Michelangelo l'avesse creata. 2. Oh! Ma io pensavo che Dante l'avesse scritta. 3. Oh! Ma io pensavo che i napoletani l'avessero inventata. 4. Oh! Ma io pensavo che Cristoforo Colombo l'avesse scoperta. 5. Oh! Ma io credevo che Vivaldi le avesse scritte. 6. Oh! Ma io pensavo che gli antichi romani l'avessero costruito.

M. 1. decollare 2. allacciare 3. fare scalo 4. alla dogana 5. consegnarli 6. l'assistente di volo 7. un volo diretto

N. mai; nessun; nessuno; né; nessuno; neanche

O. 1. Non c'è niente/nulla dentro la valigia. 2. Nessuno mi ha incontrato all'aeroporto. 3. I miei non vivono più in periferia. 4. Non parlo mai con gli altri passeggeri. 5. Non ho ancora prenotato il volo. 6. L'albergo non ha né la piscina né un campo da tennis. 7. Non siamo andati al mare neanche una volta quest'estate. / Non siamo mai andati... 8. Non pernottate mai negli alberghi di lusso.

Pratica comunicativa

A. 1. Scusi, signorina. Questa carrozza è di prima o seconda classe? È di seconda classe. C'è posto in questo scompartimento? Sì, il posto vicino al finestrino è libero. 2. Quanto mi piace viaggiare per mare! Infatti! È bellissimo vedere le onde, il sole... Quando arriviamo al porto? Fra due ore. 3. Buongiorno, signora. Vorrei fare il check-in per il volo numero 335. Ha la prenotazione per il volo? Sì, ecco il mio biglietto. Bene. Ecco la sua carta d'imbarco. Buon viaggio!

B. *Answers will vary. For example:* Vorremmo delle informazioni per un viaggio. Vogliamo andare in Sardegna per una settimana. Preferiamo prendere il traghetto da Genova. Ci interessa un villaggio turistico con dei bungalow. No, non avremo bisogno di una macchina. Sì, vogliamo prenotare l'albergo.

C. *Answers will vary. For example:* Il villaggio che ho scelto si chiama... È... Ci sono... camere e... Ci sono piscine,... C'è anche il windsurf... È un grande complesso turistico con una spiaggia privata. Va bene per le famiglie e per gli sportivi. Costa da 80.000 a 200.000 a testa al giorno con pensione completa. Preferisco questo villaggio perché...

D. *Answers will vary.*

E. *Answers will vary.*

F. Sono a Sassari.

UNITÀ 10

Vocabolario e grammatica

A. *Answers will vary.*

B. regista; debutto; successo; applaudito; recensione; critico; recitare; tragedia

C. 1. gireresti 2. farei 3. reciterebbero 4. verrebbe 5. piacerebbe 6. sarebbe 7. avreste 8. scriverebbe 9. comincerebbe 10. partirei

D. 1. Se noi conoscessimo un avvocato, ci potrebbe aiutare. 2. Se facesse bel tempo, faremmo una gita in montagna. 3. Se voi non aveste fretta, vi inviteremmo a pranzo. 4. Se tu dicessi la verità, non avresti problemi. 5. Se dessero un bel film, andremmo al cinema. 6. Se avessi un altro biglietto per il teatro, verrei con te. 7. Se lo spettacolo non fosse buono, il pubblico lo fischierebbe. 8. Se ti piacessero i film di Visconti, ti suggerirei di andare al cinema Ariston.

E. *Answers will vary. For example:* 1. ...leggerei di più. 2. ...non avrò soldi. 3. ...lo chiedo al professore/ alla professoressa. 4. ...frequenterei Boston College. 5. ...farei la guida turistica a Roma. 6. ...butterei i libri nel fiume.

F. 1. il/la musicista 2. la batteria 3. il violino 4. il compositore 5. il/la cantante 6. al conservatorio 7. assistere ad un concerto

G. *Answers will vary. For example:* La commessa vorrebbe che tutti spendessero molto nei negozi eleganti. Il regista desidererebbe che tutti applaudissero alla fine della commedia. Il Papa preferirebbe che tutti andassero in chiesa ogni domenica. Il bagnino vorrebbe che tutti sapessero nuotare. Il gelataio desidererebbe che tutti prendessero cinque gelati al giorno. L'insegnante preferirebbe che tutti studiassero sempre. Il taxista vorrebbe che tutti non avessero la macchina. Il poliziotto desidererebbe che tutti fossero onesti.

H. *Answers will vary.*

I. abbassare; cantautrice; leggera/popolare; testo; impianto stereofonico; vivo

J. 1. e 2. g 3. i 4. b 5. c 6. h 7. a 8. d 9. j 10. f

K. 1. È una grande minestra. 2. È una piccola insalata. 3. Sono degli orecchi piccoli. 4. È un vino cattivo e amaro. 5. Sono dei piccoli gamberi (*shrimps*). 6. È una pasta molto piccola e fina. 7. Sono dei piccoli carciofi. 8. Sono dei piccoli broccoli.

L. 1. Si balla sulla pista. 2. Si chiama il luogo di ritrovo. 3. Le automobili consumano la benzina. 4. Si scatenano. 5. Si può fare il pieno al distributore. 6. Si chiama l'autostrada. 7. Si chiama l'autista.

M. 1. Voi fate i compiti da due ore. 2. Riccardo abita a Napoli da molti anni. 3. Simonetta e Alessia pensano di andare in America da sei mesi. 4. Tu guardi la televisione dalle sette e mezzo. 5. Noi ci conosciamo da sempre. 6. Io studio l'italiano da otto mesi.

N. 1. Va dal fruttivendolo. 2. Va da suo fratello. 3. Va dal dentista. 4. Va dalla nonna. 5. Va dal fioraio. 6. Va dalla parrucchiera.

Pratica comunicativa

A. 1. a 2. c 3. a 4. c 5. b 6. b

B. *Answers will vary.*

C. *Answers will vary.*

D. *Answers will vary.*

E. *Answers will vary.*

F. 1. L'incendio è cominciato nelle Sale Apollinee sopra l'ingresso principale del teatro alle 20:30. 2. I vigili del fuoco sono arrivati alle 21:10. Sono stati bloccati dai lavori in corso. 3. Le case vicino al teatro sono state evacuate alle 22:00. 4. I camerini del teatro sono sotto il palcoscenico. 5. A mezzanotte e mezzo il fuoco era ovunque (dappertutto). 6. Hanno trovato tracce di liquido infiammabile.

G. 1. biondo a. Dolomiti 2. attore b. regista 3. calmi c. migliore 4. buffa d. famiglia 5. basso e. solista 6. piccola f. lana 7. tesi g. singola 8. caldo h. dodici

UNITÀ 11

Vocabolario e grammatica

A. 1. romanzo 2. capitoli 3. si tratti; la trama 4. la prosa 5. scrittrice 6. raccolta; volume

B. fu; nacque; Scrisse; ebbe; esercitò; decise; fece; diventò; morì

C. 1. Cristoforo Colombo la scoprì. 2. Dante la scrisse. 3. Finì nel 1945. 4. Neil Armstrong fu il primo uomo a sbarcare sulla luna. 5. Visse a Firenze. 6. Cominciò nel 1914. 7. Morì nel 1963. 8. Botticelli lo dipinse.

D. 1. esaurito 2. sfogliare 3. l'edizione tascabile 4. una lettrice 5. in ristampa 6. un libro illustrato 7. recensire

E. 1. il diciottesimo capitolo 2. il settimo mese 3. la seconda guerra mondiale 4. il tredicesimo piano 5. la quinta strada 6. il ventunesimo secolo 7. il terzo mondo 8. il duecentesimo anniversario

F. 1. prima 2. sesto 3. centesimo 4. millesima 5. ventitreesimo 6. *quarto* 7. terza 8. nona

G. 1. una rubrica 2. al mese 3. omaggio 4. la pagina culturale del giornale 5. un inserto 6. un abbonamento

H. 1. Quale 2. Qual 3. Qual 4. Che 5. Quali 6. Che 7. Qual. *Answers will vary.*

I. telefilm/programma; canale; telegiornale; telecomando; televisore; spegni

J. 1. ...che guardava il film e poi usciva. 2. ...che avrebbe letto quel romanzo appena possibile. 3. ...che avevano cenato in quel ristorante. 4. ...che voleva riposarsi lì. 5. ...che non sarebbero stati a casa quel giorno. 6. ...che erano stati contenti di rivederlo. 7. ...che non viene con loro. 8. ...che verrà con loro. 9. ...che sarebbe andato volentieri all'Università Europea. 10. ...che il giorno dopo avrebbero parlato della politica mondiale.

K. *Answers will vary.*

Pratica comunicativa

A. 1. b 2. a 3. c 4. a 5. a 6. c

B. *Answers will vary.*

C. *Answers will vary.*

D. *Answers will vary.*

E. *Answers will vary.*

F. *Answers will vary.*

G. *Answers will vary.*

H. Orizzontali: 3. fifa 5. elzeviro 8. di 9. quinta 10. edicola 13. bomba 14. terza 15. se 17. Baci 18. colori 19. nona 20. peggio 21. spot
Verticali: 1. fece 2. vidi 4. anno 5. edicola 6. Rialto 7. Dante 9. quarta 11. rubrica 12. gamba 15. secolo 16. volle

UNITÀ 12

Vocabolario e grammatica

A. legislativo; esecutivo; giudiziario; Senato; Deputati; Parlamento; Capo dello Stato; Primo Ministro (Capo del Governo); magistratura; giudici

B. 1. la disoccupazione 2. votano 3. inquinamento 4. manifestazione 5. una crisi di governo

C. 1. andremo 2. finirò 3. avrebbe telefonato 4. aveste sentito 5. riportassimo 6. si sono conosciuti 7. sarei andato/a 8. sarebbe venuta 9. studino 10. seguissi

D. *Answers will vary. For example:* 1. Ho chiesto se ci fosse troppa violenza alla TV. 2. Penso che il programma finisca alle 10.30 e non alle 11.00. 3. È importante che noi ci teniamo aggiornati. 4. Mi sembra che le reti televisive trasmettano più programmi culturali. 5. Vorrei che i bambini non guardassero troppo la TV. 6. Non pensavo che i miei amici volessero guardare un telefilm. 7. Mia madre mi ha chiesto se io avessi guardato le notizie. 8. Era incredibile che quel giornalista avesse intervistato la moglie del presidente.

E. *Answers will vary.*

F. 1. paragonare 2. stereotipo 3. simile 4. vantarsi 5. indagine 6. accontentarsi 7. grave 8. medio

G. 1. L'articolo di Eco è stato letto. 2. La lezione sarà studiata stasera. 3. Il nuovo governo sarà eletto domani. 4. Un'intervista è stata fatta al politico. 5. Una bella cena è stata preparata per il mio compleanno. 6. L'articolo di un mio amico è stato pubblicato. 7. Dei fiori saranno messi sulla tomba dei soldati morti in guerra. 8. Un nuovo edificio sarà costruito in centro. 9. Il sindaco è visto spesso in bicicletta. 10. Il discorso era preparato.

H. 1. Gli inviti sono stati mandati da Marco. 2. La casa è stata pulita da Silvia. 3. La pasta è stata preparata da Mirella. 4. Una bottiglia di vino è stata portata da Daniele. 5. Una torta è stata comprata da Lucia e Fabio.

I. radici; patrimonio; fastidio; offensive; integrati; rinunciare; pregiudizi; immagine; immigrati

J. 1. Si festeggia la festa del santo patrono in paese. 2. Si assaggiano i piatti tipici. 3. Si sono mantenute le tradizioni facendo le sagre. 4. Si fanno molte generalizzazioni quando non si conosce bene una cultura. 5. Si parla poco il dialetto negli Stati Uniti. 6. Si sono combattuti molti pregiudizi durante gli anni.

K. *Answers will vary.* 1. Si compra all'edicola. 2. Si cambiano alla banca. 3. Si prenotano voli ed alberghi. 4. Si studia perché... 5. No, non si possono portare i cani sull'autobus. 6. Sì, si parla il tedesco, il francese... 7. Sì, si studia chimica, biologia... 8. Si viaggia, si visitano le città...

L. *Wording of answers may vary.* 1. Il vecchio continente è un altro nome per l'Europa. 2. L'ambasciatore rappresenta lo stato italiano all'estero. 3. Quando immagino come sarà il futuro, prevedo quello che succederà. 4. I diplomatici lavorano all'ambasciata. 5. È la sigla della Comunità Economica Europea. 6. Deve avere diplomazia.

Pratica comunicativa

A. 1. Quando sono venuti in America... ?; Credo che siano venuti...; Credevano al mito...; No, erano più realisti... 2. Quale credi che sia...; Secondo me, il problema fondamentale...; Ma cosa si può fare?; Non lo so. Ma mi piacerebbe... 3. Si dice che con la CEE...; E tu credi che sarà così?; Forse. È vero che...; Speriamo che...

B. *Answers will vary.*

C. 1. 600 persone. 2. 44.3 per cento si sente abbastanza felice. 3. 55.2 per cento spera di essere più felice in futuro. 4. 31.7 per cento crede di essere stato più felice in passato. *Answers to items 5 and 6 will vary.*

D. *Answers will vary.*

E. *Wording of answers may vary.* 1. Gli italo-americani mantengono i contatti con l'Italia con viaggi in Italia e televisione italiana. 2. Offre voli a Roma e a Milano. 3. L'andata e ritorno costa $699. L'andata sola costa $399. 4. Alitalia e Swissair sono due linee che volano in Italia. 5. Offre un servizio di televisione italiana. 6. Possono vedere programmi culturali, sportivi, religiosi ecc.

F. *Answers will vary.*

G. *Answers will vary.*

H. Roberto e Giuseppina Antonellis: nonni paterni di Michele: sposati ad Avellino. Enzo e Olimpia De Pasquale: nonni materni di Michele: sposati a Bari. Salvatore e Rita Dacci: nonni paterni di Adriana: sposati a Torino. Luigi e Livia Fusco: nonni materni di Francesca: sposati ad Ischia.